2017-2018年中国工业和信息化发展系列蓝皮书

The Blue Book on the Development of Industrial Technological Innovation in China (2017-2018)

2017-2018年
中国工业技术创新发展
蓝皮书

中国电子信息产业发展研究院　编著

主　编／刘文强

副主编／何　颖　曹　方

人民出版社

设创新型国家提供有力支撑；将着力推进中国制造向中国创造转变，进一步优化和完善以企业为主体、市场为导向、产学研深度融合的制造业技术创新体系；将着力推进中国速度向中国质量转变，固本强基、开拓创新，质量第一、效益优先；将着力突破行业关键共性技术，推动技术创新能力转变为产业核心竞争力。

随着创新驱动发展战略的落实，我国工业技术创新环境、创新体系、创新生态将不断优化，创新将成为国家命运所系和世界大势所趋，将成为引领发展的第一动力，将成为建设现代化经济体系的战略支撑。本书客观翔实地反映中国工业技术创新的最新动向、特点与趋势，希冀通过本书，读者可以从不同角度领略中国工业技术创新的魅力和风采。

目　录

综 合 篇

综 合 篇

重启登月计划，NASA（美国国家航空航天局）以及各家航天企业都开始了针对月球的布局，NASA与波音公司、洛克希德·马丁空间系统公司等公司作为载人深空探索的“国家队”在持续推进，而SpaceX（美国太空探索技术公司）、Blue Origin（蓝色起源）和Bigelow Aerospace（毕格罗宇航）等航天初创公司也都相继推出了有关月球探索的相关计划。

在5G发展领域，欧盟计划到2020年实现该领域的商业化应用，5G信号预计在2025年实现全面覆盖，涵盖所有城区和铁路、公路沿线。欧盟发布了“地平线2020计划”，未来三年欧盟将投入300亿欧元用于卓越科学、社会挑战、工业领先以及欧洲创新委员会领航项目。

2017年3月，英国开展新一轮的能源投资项目，由商业、能源与产业战略部宣布新一轮的自主计划，计划从2016年开始持续到2021年，涉及多个新兴战略领域，如：智慧能源系统、海上风能等领域。4月，英国政府宣布将设立产业战略挑战基金，对英国发展的前沿领域注入10亿英镑的投资额，项目预计在未来4年内持续推进，致力于提升人民的生活品质以及解决英国的就业问题，支持领域涉及了健康医药、机器人和人工智能等领域。

2017年4月，印度科技部（DST）在其官方网站上发布了2016—2017年度报告。印度科技部围绕印度制造、创业印度、数字印度等国家战略，实施了一系列新举措，取得了阶段性成效，主要包括：提升科技研发数量与质量，启动信息物理系统跨学科研究计划，推进技术发展与布局，建立创新创业生态系统，促进公平、赋权和发展等。

2017年5月，德国政府为自动驾驶汽车上路扫除障碍，引入了该国历史上首部自动驾驶汽车法案，允许自动驾驶汽车上路测试，还为此设立了诸多准入规定。2017年10月，德国为应对未来的新挑战，提高航空航天中心（DLR）的核心竞争能力，充分利用其协同创新的潜力发布了《德国航空航天2030战略》（DLR 2030）。该战略将通过10个新的横向项目和一个新的横向领域——数字化来实施。

2017年5月，俄罗斯教育科学部瓦西里耶娃·奥莉加部长在工作报告中指出，教育科学部推行的各项政策工具支持系统取得了预期结果，实现了国内研究开发经费增长保持在国内生产总值的1.13%的目标。对科技的投入达到9150亿卢布，比2016年同期增加670亿卢布，其中大部分增长来自于实体经济的投资。青年研究人员数量自 2014 年起首次增长了 5500 人，其中，43% 的研究人员年龄不超过 39 岁。

二、全球经济体创新能力方面的差距仍然存在

2017 年 6 月 15 日，由英士国际商学院（INSEAD，前译欧洲工商管理学院）、美国康奈尔大学（Cornell University）和世界知识产权组织（World Intellectual Property Organization，WIPO）共同研制发布了 2017 年全球创新指数排名。其中，瑞士高居榜首，这也是瑞士连续第 7 年夺冠。2017 年，欧洲国家的创新能力整体发展位居全球前列，在全球创新指数排行榜的前 10 名中占据 7 位，排名前 25 位的全球经济体中有 15 个位于欧洲。在前 25 名中，荷兰由第 9 名跃升到了第 3 名，前 25 名中东南亚和大洋洲国家仅有 7 个，北美洲国家有 2 个，北非西亚国家仅有 1 个，中国再次成为创新排名前 25 名中唯一的中等收入国家。北美洲有美国和加拿大上榜，分别为第 4 名、第 18 名。北非和西亚只有以色列上榜，位于第 17 名，比去年上升了 4 位。与 2016 年相比，前 10 名的国家排名重新排序，但也保持了创新发展高位。

从全球创新发展的整体趋势看，欧洲与北美经济体的各项创新发展指数较高。需要强调的是，印度以及撒哈拉以南非洲在创新方向表现优异，中国等创新强国就在加快创新生态系统的建设。在研发、生产率等方面排名前列。中低收入经济体在创新方面表现突出，“创新成就者”的数量同比略有增加，来自撒哈拉以南非洲地区的有 9 个，包括肯尼亚和卢旺达，来自东欧的经济体仅有 3 个。全球最具创新能力的国家仍保持去年的发展势头，包括：瑞士、荷兰、美国等国家①。

① 许海云等：《从全球创新指数（GII）报告看中国创新崛起态势》，《世界科技研究与发展》2017 年第 5 期。

集群”跻身前100名。

根据GII对“知识产权统计数据库”（2011—2015）进行的大数据分析，创新集群之间有较强的关联性。例如，东京—横滨地区，是所有其他日本创新集群的顶级合作集群。同样的，首尔亦是韩国的顶级合作集群。圣荷西—旧金山地区则拥有最多的合作集群（24个），其中6个在美国以外。圣荷西—旧金山地区的合作伙伴具有多样性的特征，更分散，而相反的，或许由于语言障碍，日本和韩国的顶级合作伙伴则更单一集中。一个地区具有更多的合作伙伴，甚至国外的合作伙伴，说明该地区创新更具开放性，即对于其他地区的技术吸纳能力更强，也更具有竞争力。这一点从硅谷（圣荷西—旧金山地区）所呈现出的开放创新的特征中可以得到佐证。中国与日本、美国和德国4个国家共同占据全球“创新集群”榜单前20名的17个席位，深圳—香港、北京和上海3个集群分别处于第2、7和19位，这意味着中国是全球创新集聚效应最显著的国家之一，深圳地区已经成为世界水平的科技创新中心。同时，中国创新集群表现出较高的技术领域聚焦度，3个集群都聚焦在数字通信领域。

表1–2 2017年全球创新集群前20位排名情况

排名	创新集群	所属国家/地区
1	东京—横滨	日本
2	深圳—香港	中国
3	硅谷	美国
4	首尔	韩国
5	大阪—神户—京都	日本
6	圣地亚哥，加利福尼亚	美国
7	北京	中国
8	波士顿—剑桥，马萨诸塞州	美国
9	名古屋	日本
10	巴黎	法国
11	纽约	美国

续表

排名	创新集群	所属国家/地区
12	法兰克福—曼海姆	德国
13	休斯敦	美国
14	斯图加特	德国
15	西雅图	美国
16	科隆—杜塞尔多夫	德国
17	芝加哥	美国
18	埃因霍温	荷兰/比利时
19	上海	中国
20	慕尼黑	德国

资料来源：《2017 年全球创新指数》，2017 年 6 月。

四、技术创新领域呈现发展战略差异化特征

在《2017 年全球技术创新指数》报告中，深入研究并涵盖 12 个国家（中国、美国、英国、法国、德国、俄罗斯、日本、韩国、印度、加拿大、澳大利亚、以色列）和 7 个技术领域（信息、能源、生物、航空、航天、新材料、先进制造）的各个国家的创新综合现状。美国在综合评估中占据显著优势，位列首位；中国、日本、英国与德国位列在创新发展的第二梯队；而其余 7 国的创新指数水平低于均值。在细分的技术领域，世界各国的创新建设不断深入，科技的影响力不断扩大，基于信息技术的高新技术产业的技术领域蓬勃发展。在 2017 年全球技术创新指数的研究领域中，先进制造、信息和能源的创新表现最为显著。

对比国家的技术领域创新差异，日本在各技术领域的表现最为均衡，但在航空航天领域的表现稍弱。印度在各技术创新领域的创新能力相近，表现出较大的创新发展潜力。从创新领域的整体发展来看，欧美国家对生物领域的创新布局较多，德国、法国、美国等欧美国家在生物领域的专家占全国半数以上。在学术研究领域方面，澳大利亚、美国、英国等国家在生物领域的研究论文占到全面论文发表总量的近半数。而在制造领域，中、日、韩等亚

洲国家的创新侧重更多。从各国的创新发展来看，信息与制造企业在技术创新的发展过程中作用显著，信息科技企业已经超越科研机构，成为信息技术创新推动的第一动力；制造企业在研发投入和产品服务创新方面也表现突出，并介入能源领域，为能源技术的创新应用带来了新的契机。对比中、日、德三国论文和专利发布情况，日德两国材料和制造领域专利发明数量较多，达到该国专利50%以上。

表1－3　各国在各技术领域的创新指数排名

国别	指标	信息	能源	生物	航空	航天	新材料	先进制造
美国	创新指数	89.8	93.9	86.3	84.4	85.7	80.7	87.6
	排名	1	1	1	1	1	1	1
中国	创新指数	73.8	62.1	56.2	63.7	67.3	60.0	62.7
	排名	2	2	5	2	2	4	4
日本	创新指数	63.1	61.0	59.2	41.3	53.4	65.0	68.8
	排名	3	3	4	11	5	2	3
英国	创新指数	53.9	55.6	62.9	54.5	55.9	59.3	50.4
	排名	5	4	2	3	4	5	7
德国	创新指数	48.5	55.4	59.6	52.1	42.4	61.5	72.9
	排名	6	5	3	4	9	3	2
法国	创新指数	44.5	48.9	47.5	49.8	57.5	36.2	43.5
	排名	7	7	6	5	3	10	8
韩国	创新指数	54.9	43.4	34.4	39.4	36.4	49.4	52.9
	排名	4	10	10	12	11	6	5
加拿大	创新指数	39.5	49.1	42.4	42.5	47.7	42.7	40.8
	排名	11	6	8	10	6	8	9
印度	创新指数	43.7	45.4	38.6	42.9	43.2	39.3	50.9
	排名	9	8	9	9	8	9	6
澳大利亚	创新指数	35.9	44.2	43.3	47.9	41.0	35.0	37.6
	排名	12	9	7	6	10	11	11
俄罗斯	创新指数	39.9	35.2	26.2	47.4	47.5	43.3	40.6
	排名	10	11	12	7	7	7	10
以色列	创新指数	44.4	33.5	33.6	46.1	29.8	29.9	35.3
	排名	8	12	11	8	12	12	12

资料来源：《2017年全球技术创新指数》，2018年1月。

第二节　世界工业质量品牌情况

一、工业品牌是国家软实力的体现

（一）品牌占据产业链的高附加值，也是国家综合实力的表现

基于全球价值链的视角，代工生产环节的附加值较低，以品牌为核心的研发与营销环节是产品生产的核心环节，占据了产业链价值的70%。而大部分企业只能代工赚取微薄的加工费，因此，发展品牌建设是产业质量发展的关键，它代表产品质量的形象，也是国家经济发展的标志，体现了国家在世界范围的综合形象与综合实力。据联合国开发计划署统计，全球共有8.5万个品牌，虽然著名品牌的比例很低，但是却拥有全球40%的市场份额，知名品牌的产品销售额达到全球销售的50%。可见，发展品牌建设是提升产品链价值的核心要素，要积极推动产品的品牌化发展。

（二）重视质量是社会转型发展的普遍规律

德国、日本等国家的发展经验表明，质量发展是社会转型时期的关键。德国在20世纪50年代就开始实施质量发展战略，推出“工业4.0”战略引领德国的质量建设工程。日本也从20世纪60年代开始进行质量发展的布局，推进全面质量管理的模式发展，为日本成为世界质量强国奠定了坚实的基础。美国在质量建设方面提出的《质量振兴法案》略晚于德国和日本，但是其质量发展举措使得美国占据了全球霸主的地位。可见，质量建设对于国家的发展至关重要①。

二、2017年全球品牌排名榜单分析

2017年6月6日“BrandZ全球最具价值品牌100强”是由华通明略

① 林忠钦：《中国制造2025与提升制造业质量品牌战略》，《国家行政学院学报》2016年第4期。

（Millward Brown）编制，现阶段已成为在国际上公认的权威品牌排行榜之一。排行榜的调研对象为上市公司品牌，它综合了品牌现有的和潜在消费者对品牌的认知，以及品牌所属公司的收入和盈利能力等财务数据来计算品牌价值，因此能够较全面地反映品牌的综合竞争力。

（一）创新型技术品牌逐渐增多

据2017年全球品牌排名榜单显示，保持霸主前三的品牌依旧是谷歌（Google）、苹果（Apple）和微软（Microsoft），2017年的变化来自于谷歌超过苹果的品牌价值成为全球价值品牌榜单之首。而中国企业首次杀入前十榜单，腾讯排名第八，中国企业共计有13家入围。排名前十的品牌中90%为科技类品牌，今年新上榜品牌也主要为科技类品牌。2017年BrandZ全球最具价值品牌百强榜中，谷歌、苹果、微软、Amazon（亚马逊）、Facebook、AT&T、Visa、腾讯、IBM、麦当劳占据了10强席位。腾讯首次超过IBM、麦当劳。榜单称，腾讯品牌价值比去年增长27%，增幅与Facebook并列第二，仅次于亚马逊。

2017年的前100位品牌价值增加了8%的幅度，超越1000亿美元的公司数量增加了3个。科技公司的品牌价值相对较高，谷歌、苹果与微软三大科技企业再次位列前三，亚马逊在零售业中发展迅速，而运动品牌Nike（耐克）品牌价值缩水9%，相比来说adidas（阿迪达斯）为增长速度最快的运动品牌，品牌价值大涨58%，可惜最后仍未能入榜。

（二）科技对品牌的贡献价值增加

科技对品牌的推动作用日益显著，传统产业发展正在积极引进新技术，增加自身的产品服务，各个品牌都在加大技术带给客户的个性化定制。2017年的品牌排行榜显示，科技品牌的价值不断提升，100强品牌总价值的贡献率达到一半以上，比2006年同期上涨30%以上。科技品牌的总价值稳中向好，增长16%，而非科技品牌的增幅为科技品牌的1/4。科技企业的品牌价值逐年增加，显示了科技对品牌的强支撑作用。科技企业的主导地位在2017年依旧保持，前十强除去麦当劳都为科技企业，而全部排名中有37家科技企业上榜，品牌总价值占据了榜单品牌总价值的54%。科技公司依然非常强势，5家科技巨头占据了前五的位置。排名前三的谷歌、苹果和微软的品牌价值增长显著，以谷歌为例，在过去一年里增长了7%。

（三）美国仍是上榜品牌最多的国家

美国品牌依然占据榜单的“半壁江山”，占据了54个榜位。2017年的前100强品牌总价值持续增长，超千亿品牌数量增加了3个。价值增长最快的品牌是阿迪达斯，品牌价值83亿美元，增幅达58%。百强品牌的总价值与2006年首次发布该排名时相比增长了152%。从榜单分析来看，Facebook以27%（达到1298亿美元）的增长成为最有价值的社交媒体品牌。而排名第四的亚马逊成为了所有100强中价值增长最多的品牌，增幅高达41%。

表1－4　2017年BrandZ全球最具价值品牌百强排行榜

排名	品牌	行业	品牌价值（亿美元）	品牌原产地
1	谷歌	科技	2455.8	美国
2	苹果	科技	2346.7	美国
3	微软	科技	1432.2	美国
4	亚马逊	零售	1392.9	美国
5	Facebook	科技	1298.0	美国
6	AT&T	电信提供商	1151.1	美国
7	Visa	支付	1101.0	美国
8	腾讯	科技	1082.9	中国
9	IBM	科技	1020.9	美国
10	麦当劳	快餐	977.2	美国
11	威瑞森通讯	电信提供商	892.8	美国
12	万宝路	烟草	875.2	美国
13	可口可乐	软饮料	781.4	美国
14	阿里巴巴	零售	591.3	中国
15	富国银行	区域银行	584.2	美国
16	联合包裹	物流	582.8	美国
17	中国移动	电信提供商	565.4	中国
18	迪士尼	娱乐	520.4	美国
19	通用电气	多元化	502.1	美国
20	万事达卡	支付	499.3	美国

续表

排名	品牌	行业	品牌价值（亿美元）	品牌原产地
21	思爱普	科技	451.9	德国
22	星巴克	快餐	442.3	美国
23	Xfinity	电信提供商	418.1	美国
24	家得宝	零售	403.3	美国
25	德国电信	电信提供商	384.9	德国
26	Nike	服饰	341.9	美国
27	沃达丰	电信提供商	316.0	英国
28	中国工商银行	区域银行	315.7	中国
29	路易威登	奢侈品	292.4	法国
30	丰田	汽车	286.6	日本
31	沃尔玛	零售	279.3	美国
32	埃森哲	科技	272.4	美国
33	百威	啤酒	270.4	美国
34	ZARA	服饰	251.4	西班牙
35	宝马	汽车	245.6	德国
36	美国运通	支付	241.5	美国
37	三星	科技	240.1	韩国
38	巴黎欧莱雅	个人护理	239.0	法国
39	百度	科技	235.6	中国
40	梅赛德斯奔驰	汽车	235.1	德国
41	爱马仕	奢侈品	234.2	法国
42	帮宝适	婴儿护理	223.1	美国
43	Movistar	电信提供商	220.0	西班牙
44	英特尔	科技	219.2	美国
45	赛百味	快餐	217.1	美国
46	甲骨文	科技	213.6	美国
47	加拿大皇家银行	区域银行	211.5	加拿大
48	汇丰	全球银行	205.4	英国

续表

排名	品牌	行业	品牌价值（亿美元）	品牌原产地
49	华为	科技	203.9	中国
50	日本电报电话公司	电信提供商	202.0	日本
51	联邦快递	物流	194.4	美国
52	贝宝	支付	191.6	美国
53	宜家	零售	189.4	瑞典
54	中国建设银行	区域银行	187.7	中国
55	埃克森美孚	石油和天然气	187.3	美国
56	多伦多道明银行	区域银行	185.5	加拿大
57	壳牌	石油和天然气	183.5	英国
58	高露洁	个人护理	177.4	美国
59	花旗	全球银行	175.8	美国
60	澳大利亚联邦银行	区域银行	174.4	澳大利亚
61	中国平安	保险	172.6	中国
62	Orange	电信提供商	171.8	法国
63	HDFC	区域银行	171.4	印度
64	茅台	烈酒	169.8	中国
65	YouTube	科技	167.9	美国
66	思科	科技	167.3	美国
67	吉列	个人护理	162.8	美国
68	好市多	零售	162.6	美国
69	英国电信	电信提供商	160.3	英国
70	敦豪	物流	158.4	德国
71	合众银行	区域银行	152.0	美国
72	中国农业银行	区域银行	149.8	中国
73	大通银行	区域银行	142.9	美国
74	摩根银行	全球银行	141.3	美国
75	澳新银行	区域银行	140.4	澳大利亚
76	慧与	科技	140.2	美国

续表

排名	品牌	行业	品牌价值（亿美元）	品牌原产地
77	西门子	多元化	139.5	德国
78	中国人寿	保险	139.1	中国
79	领英	科技	135.9	美国
80	古驰	奢侈品	135.5	意大利
81	肯德基	快餐	135.2	美国
82	劳氏	零售	133.8	美国
83	福特	汽车	130.7	美国
84	百事可乐	软饮料	127.3	美国
85	中国石化	石油和天然气	126.4	中国
86	Ebay	零售	123.7	美国
87	美国银行	区域银行	122.9	美国
88	澳洲电讯	电信提供商	122.7	澳大利亚
89	阿尔迪	零售	122.7	德国
90	赛富时	科技	122.3	美国
91	本田	汽车	121.6	日本
92	奈飞	科技	120.6	美国
93	Snapchat	科技	120.3	美国
94	中国银行	区域银行	120.1	中国
95	软银	电信提供商	119.6	日本
96	斯普林特	电信提供商	117.9	美国
97	友邦保险	保险	116.9	中国香港
98	Adobe	科技	116.5	美国
99	红牛	软饮料	115.7	奥地利
100	日产	汽车	113.4	日本

资料来源：《2017 年 BrandZ 全球最具价值品牌百强排行榜》，2017 年 6 月。

三、世界主要发达国家工业企业品牌发展状况

在国际竞争中，质量品牌的发展至关重要，也是造成发达国家与发展中国家的差距的主要因素。2017 年，德国、日本、美国等经济强国都相继颁布了一系列的政策举措来积极推动制造业的品牌发展，以保持产品的品牌竞争优势，推动各国的经济增长。就发达国家的品牌发展历程来看，在企业质量品牌建设中同样经历了很多障碍，但从工业大国走向工业强国的科学发展道路的发展经验值得借鉴。

（一）德国

德国作为老牌的“品牌强国”，德国产品在世界范围拥有精准、可靠、高品质的代名词。但是，在 19 世纪上半叶，德国制造还是“价廉货次”的代表，由于英国国会的《商标法》强令所有进入英国及其殖民地的产品必须一律打上“德国制造”的印章，以此作为假冒伪劣、价廉货次的标识。也正是这样的耻辱，激发了德国人创新研发意识，政府大力推进质量和品牌提升，使得德国品牌强势崛起，现在已拥有 2300 个世界品牌，涵盖汽车、家电、家具、服饰和生活等几十个领域。

德国制造由“假冒伪劣、价廉质次”向“精准、可靠、高品质”的转变原因可以归结为以下几方面：一是在质量上，严抓质量管理，实施了“以质量推动品牌建设，以品牌助推产品出口”的政策，及时出台多种行业标准，并发展具有德国特色的“法律—行业标准—质量认证”管理体系；二是在品牌建设上，营造公平竞争的市场环境，积极推动企业研发创新，政府主要颁布了《反对限制竞争法》和《反不正当竞争法》以保障自由竞争，并投入巨额扶持基金（约占每年全部财政费用的 51%）支持创新项目运作，形成多方协作、高效转化的科技创新链条。

（二）日本

二战后初期，日本产品在全球市场上还没有竞争力，主要原因就是“日本制造”的工业产品质量低下，人们往往将其和“劣质品”画等号。但经过数十年努力，日本已成为仅次于美国的世界创新大国，在研究专利、质量品牌、巨型企业等领域均有出色表现，其发展经验值得借鉴。

从历史发展来看，日本首先是注重从严抓质量入手，提振经济。20 世纪 50 年代，日本从美国引进了“质量管理”的概念，设立了戴明奖。随后，日本创建了有其特色的“全面质量管理”（Total Quality Control，TQC），并在之后实施了“G 商标选定事业”（G－MARK）制度，将产品质量提升到一个新的高度，成为日本企业制胜的法宝。其次，注重保护商标设计，严格把关出口产品质量。政府制定了产品设计和商标方面的专门法，把它上升到财产权进行保护。同时，出台了《出口检查法》，对于确保产品出口品质，提升日本产品的国际竞争力起到明显作用。

（三）美国

美国的质量发展一直保持国际发展先列，“全面质量管理法”和“统计质量管理法”对于美国质量建设都起到了关键的作用，美国在质量品牌方面的发展道路，首先是为了应对日本崛起而掀起的新一轮质量革命。在二战以后，由于美国企业忽视产品质量问题，导致在工业领域的领先优势被日本蚕食殆尽。以汽车行业为例，20 世纪 80 年代初，日本汽车领先于美国通用、福特和克莱斯勒三大公司，成为日本汽车等工业超越美国的一个明证。因此，美国开始审视日本全面质量管理创造“日本奇迹”的情况，并开展了一场新的“质量革命”。其次是美国成熟的知识产权保护机制，有力帮助企业打造和维护品牌。美国陆续颁布了《商标法》《专利法》《反不正当竞争法》和《软件专利》等一系列法律来构建完善的知识产权保护体系。在支持创新方面，政府制定《国家出口战略》和一系列辅助性财税政策，推动专利、商标许可等无形资产交易量飙升。最后，在科技成果转化方面，政府颁布了《贝多尔法案》等，对构建产学研创新体系和研究成果的商业化转化方面意义巨大，带动品牌在全球市场上获取竞争优势。

第三节　世界工业知识产权和标准情况

一、创新对知识产权保护的需求更加迫切

在全球经济发展动荡的时期，创新被各国寄予厚望用以推动全球经济的

发展。技术创新的发展，使得各国加大了知识产权的保护力度并达到了前所未有的高度。在全球范围内提升知识产权的保护水平，对于推动全球经济快速发展，推动生产要素在全球范围内的合理配置具有积极的作用，对于新兴战略技术行业的发展作用更至关重要。加拿大和墨西哥因知识产权保护的缺失造成了国际竞争优势的不足，现阶段正在积极推动国家的知识产权建设。根据《特别301报告》（美国贸易代表办公室公布的关于世界各国的知识产权保护的年度报告），加拿大、埃及、印度尼西亚、墨西哥、土耳其、土库曼斯坦和乌兹别克斯坦等国家对盗版和假冒产品实行了积极执法措施，以推动边境的知识产权保护。2017年11月7日，美国专利与商标局（USPTO）对美国专利审判及上诉委员会（PTAB）双方复议等程序中的律师与当事人保密特权作出了解释，在重新谈判《北美自由贸易协定》（NAFTA）时，代表300多万家企业利益的联盟美国商会要求强化知识产权（IP）条款。

二、知识产权制度的改革不断深入

知识产权重要性日益显现。针对知识产权制度，美国修订《知识产权许可反垄断指南》，美国司法部与联邦贸易委员会首次对《知识产权许可反垄断指南》进行更新，反映了FTC（美国联邦贸易委员会）和DOJ（司法部）关于知识产权许可的执法政策。美国专利商标局（USPTO）扩大专利检索试点项目（CSP），申请人可请求相关知识产权局在发出初次审查意见书前交换检索结果。美国专利商标局指出CSP旨在为审查员作出可专利性判断时提供一套更全面的在先技术参考，调整后的CSP取消了项目参与者必须参加“初次审查面谈试验项目”的要求，与此同时，其他知识产权局均可以加入扩大后的CSP。2017年6月1日，加拿大知识产权局（CIPO）开展以客户为中心的服务建设，推广专利审查访谈服务。欧洲专利局（EPO）完成其内部整顿，提高其专利授权程序的效率，有助于提供高质量的专利和服务。同时，对《专利审查指南》进行逐年更新，2017年专利申请加入口审制度，申请人在向EPO递交申请期间，要进行答复的审查意见通知书的最低数量已经减少到2个。

三、商业秘密的重要性进一步凸显

作为一种新的知识产权保护手段，商业秘密日益成为各国知识产权保护策略的新焦点，近年来中美两国间商业秘密争端日趋频繁充分反映了这种趋势。自2013年美国首次在《特别301报告》中单独提出中国商业秘密窃取问题之后，商业秘密成为每年《特别301报告》的重点，2015年的报告中更采用了“很严重的、不断恶化的问题”的措辞。近年来，中国与美国在商业秘密领域的摩擦不断，美国加大了对中国在商业秘密领域的审查，每年成10%的速度增长。2017年5月，美国得克萨斯州的立法机关修订了《得克萨斯州统一商业秘密法》（TUTSA），修订扩大并明确了TUTSA中商业秘密的定义。近年来，联合国开发计划署对亚洲企业开展的“337”调查数量增加，涉及富士胶卷和索尼一案的最终结果可能会对2018年ITC（美国国际贸易委员会）开展“337”调查的数量产生重大影响。美国新颁布的《保护商业秘密法案》制定了更加一致的商业秘密保护标准，这可能会影响DOJ与FTC对商业秘密许可的市场和市场支配力的分析。

四、各国对商标的管理日益规范

自2018年1月1日起，比荷卢知识产权组织（BOIP）对其商标和外观设计官费所做的修订开始生效。除BOIP外，多个国家的知识产权机构也对其商标以及外观设计或者专利官费进行了调整。例如，罗马尼亚国家发明和商标局（OSIM）已更新了以其国内货币（列伊）计算的收费标准，但是以欧元缴纳相关费用的收费标准保持不变。斯洛伐克工业产权局对其收费标准进行调整，并于2018年1月1日起生效。塞尔维亚知识产权局也对其官费进行调整，且于2017年12月25日起生效。2017年11月7日，美国专利与商标局（USPTO）公布了一项最终规定，对美国专利审判及上诉委员会（PTAB）双方复议等程序中的律师与当事人保密特权作出了解释。2017年6月，加拿大联邦政府发布的新《商标法规》，在推动商标法现代化方面起到了积极的作用。为了实施《欧盟第2015/2346号指令》中的部分规定，奥地利知识产权局对《商标保护法》进行了修订，并发布了《2017年商标倡议》使得奥地利的商标条款能够更好地适应商标所有人的需求，对商标保护期的统一计算方法进行了调整，引入证明商标，以及将商标申请或者注册程序分为若干个程序。此外，奥地利的立法者还对商标官费进行了下调、简化了商标申请程序并且使商标注册程序中的修正变得更加便捷。新加坡知识产权局（IPOS）为了支持创新者并让知识产权保护更易于负担而大幅降低了专利和商标申请费，企业和企业家将受益。

第二章　2017 年中国工业技术创新发展状况

在国际竞争加剧和国内经济放缓的背景下，工业技术创新成为我国转变产业发展方式、实现工业转型升级的重要支撑。党的十八大和十八届三中、五中全会决议指出，坚持创新发展，必须把创新摆在国家发展全局的核心位置，必须把发展基点放在创新上。党的十九大报告指出，要加快建设创新型国家，首次明确指出创新是引领发展的第一动力，是建设现代化经济体系的战略支撑。2017 年我国工业技术创新成效显著，创新驱动发展形成合力，企业的创新主体地位得到加强。创新要素总量持续增加，创新基础更加扎实稳固，工业技术创新能力持续提升，创新市场活跃度提升。在质量品牌的发展层面，质量品牌的环境不断优化，工业质量品牌不断提升。此外，战略性新兴产业专利持续增长，行业标准的制定进一步完善。

第一节　中国工业技术创新情况

一、全国形成创新驱动发展合力，企业创新主体地位得到加强

（一）党的十九大报告明确提出，创新是引领发展的第一动力

2017 年 10 月 18 日，习近平总书记作了题为《决胜全面建成小康社会 夺取新时代中国特色社会主义伟大胜利》的报告。报告指出要加快建设创新型国家，创新是引领发展的第一动力，是建设现代化经济体系的战略支撑。并对应用基础研究、共性技术和颠覆性技术创新方面提出许多具体要求。报告还指出，要加强国家创新体系建设，强化战略科技力量。深化科技体制改革，建立以企业为主体、市场为导向、产学研深度融合的技术创新体系，加强对

中小企业创新的支持，促进科技成果转化，并且对营造创新文化、知识产权的保护和人才积累方面提出了更高的要求。

（二）《中国制造 2025》聚焦创新，确定创新驱动战略

作为我国政府实施制造强国战略第一个十年的行动纲领，《中国制造 2025》提出，要坚持“创新驱动、质量为先、绿色发展、结构优化、人才为本”的基本方针，可以看出，创新驱动被摆在首位。并且，综观整个行动纲领，创新是勾勒蓝图的一条主线，重点是要解决制度创新的问题。在九项战略任务和重点中，第一项就要提高国家制造业创新能力；在五大工程里，第一个就是制造业创新中心建设工程。并且提出，到 2020 年，要形成 15 家左右制造业创新中心，到 2025 年达到 40 家左右。这表明，创新是提升中国制造的基础，没有创新带来的活力和动力，中国制造只能原地踏步。

（三）企业创新主体地位进一步加强，中小企业创新支持力度加大

企业为主导的产学研合作机制更加完善，鼓励行业骨干企业与高等院校、科研院所、上下游企业、行业协会等共建技术创新联盟，以多种形式促进产学研紧密融合。在 2017 年国务院发布的《关于强化实施创新驱动发展战略进一步推进大众创业万众创新深入发展的意见》中，进一步确认企业是“双创”的重要载体，要拓展企业融资渠道，促进实体经济转型升级等六条意见。在中小企业创新方面，2017 年工业和信息化部认定 188 个国家中小企业公共服务示范平台。并且，2017 年 9 月，新修订的《中华人民共和国中小企业促进法》（简称新《促进法》）正式颁布，这对于坚持发挥市场决定性作用、强化政府支持力度、促进中小企业持续健康发展具有十分重要的意义。

（四）加快制造业“双创”平台建设，促进区域改革和创新发展

在培育认证体系方面，国家、省、市三级体系作用进一步发挥，2017 年 11 月共认定 70 家企业为国家技术创新示范企业。2017 年 8 月，工业和信息化部制定《制造业“双创”平台培育三年行动计划》，进一步加快制造业“双创”平台建设。在区域创新方面，2017 年 2 月，国务院办公厅对于促进开发区改革和创新发展，提出了优化开发区形态和布局、加快开发区转型升级、全面深化开发区体制改革、完善开发区土地利用机制、完善开发区管理制度等若干发展意见。9 月，为深入实施创新驱动发展战略，党中央、国务院确定

在京津冀、上海、广东（珠三角）、安徽（合芜蚌）、四川（成德绵）、湖北武汉、陕西西安、辽宁沈阳8个区域开展全面创新改革试验，推进相关改革举措先行先试，着力破除制约创新发展的体制机制障碍。

二、技术创新要素总量持续增加，企业技术创新基础更加扎实

从研究与试验发展（R&D）经费投入情况来看，2016年，全国共投入R&D经费15676.7亿元，比上年增加1506.9亿元，增长10.6%；R&D经费投入强度（与国内生产总值之比）为2.11%，比上年提高0.05个百分点①。根据国家统计局2015年国内生产总值最终核实结果，2015年研究与试验发展（R&D）经费投入强度调整为2.06%。

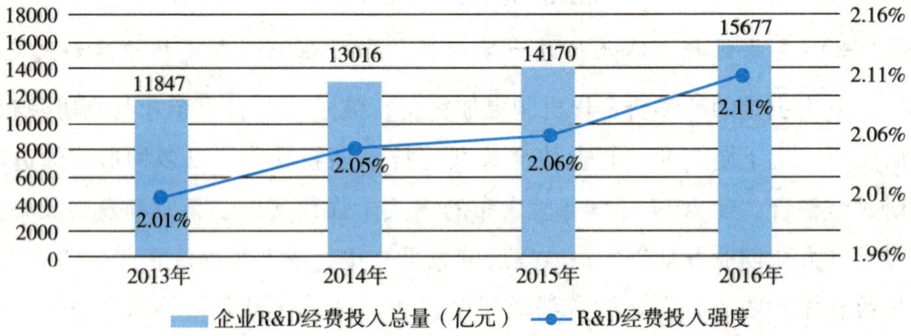

图2－1　2013—2016年我国R&D经费投入总量及研发投入强度情况

资料来源：《2013—2016年全国科技经费投入统计公报》，2017年10月。

从活动主体看，企业作为研发投入的主体地位进一步得到巩固。2016年，各类企业经费支出12144亿元，比上年增长11.6%，企业经费占全国经费总量的比重为77.5%。

从产业部门看，② 产业部门仅包括规模以上工业企业，即年主营业务收入2000万元及以上的工业法人单位。R&D经费投入超过500亿元的行业大类有7个，这7个行业的R&D经费占全部规模以上工业企业R&D经费的比重为

① 根据国家统计局2015年国内生产总值最终核实结果，2015年研究与试验发展（R&D）经费投入强度调整为2.06%。

② 产业部门仅包括规模以上工业企业，即年主营业务收入2000万元及以上的工业法人单位。

60.2%，较上年下降了0.9个百分点；R&D经费在100亿元以上且投入强度超过规模以上工业企业平均水平的行业大类有9个，比上年减少1个（表2-1）。

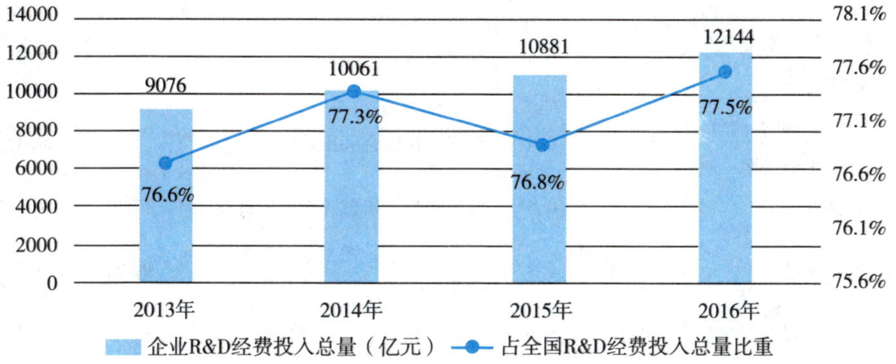

图2-2 2013—2016年我国企业R&D经费投入总量情况

资料来源：《2013—2016年全国科技经费投入统计公报》，2017年10月。

表2-1 2016年分行业规模以上工业企业研究与试验发展（R&D）经费情况

行业	R&D经费（亿元）	投入强度（%）	行业	R&D经费（亿元）	投入强度（%）
合计	10944.7	0.9	化学原料和化学制品制造业	840.7	1.0
采矿业	267.8	0.6	医药制造业	488.5	1.7
煤炭开采和洗选业	132.1	0.6	化学纤维制造业	83.8	1.1
石油和天然气开采业	63.9	1.0	橡胶和塑料制品业	278.8	0.9
黑色金属矿采选业	10.4	0.2	非金属矿物制品业	323.1	0.5
有色金属矿采选业	27.1	0.4	黑色金属冶炼和压延加工业	537.7	0.9
非金属矿采选业	11.1	0.2	有色金属冶炼和压延加工业	406.8	0.8
开采辅助活动	23.1	1.5	金属制品业	326.3	0.8
制造业	10580.3	1.0	通用设备制造业	665.7	1.4
农副食品加工业	249.7	0.4	专用设备制造业	577.1	1.5
食品制造业	152.8	0.6	汽车制造业	1048.7	1.3
酒、饮料和精制茶制造业	100.6	0.5	铁路、船舶、航空航天和其他运输设备制造业	459.6	2.4
烟草制品业	21.4	0.3	电气机械和器材制造业	1102.4	1.5
纺织业	219.9	0.5	计算机、通信和其他电子设备制造业	1811	1.82
纺织服装、服饰业	107	0.5	仪器仪表制造业	185.7	1.9

续表

行业	R&D 经费（亿元）	投入强度（%）	行业	R&D 经费（亿元）	投入强度（%）
皮革、毛皮、羽毛及其制品和制鞋业	59	0.4	其他制造业	28.1	1.0
木材加工和木、竹、藤、棕、草制品业	52.9	0.4	废弃资源综合利用业	11	0.3
家具制造业	42.9	0.5	金属制品、机械和设备修理业	17.8	1.5
造纸和纸制品业	122.8	0.8	电力、热力、燃气及水生产和供应业	96.6	0.2
印刷和记录媒介复制业	46.8	0.6	电力、热力生产和供应业	81.6	0.2
文教、工美、体育和娱乐用品制造业	91.9	0.5	燃气生产和供应业	7.7	0.1
石油加工、炼焦和核燃料加工业	119.6	0.4	水的生产和供应业	7.4	0.4

资料来源：《2016 年全国科技经费投入统计公报》，2017 年 10 月。

从地区看，广东、江苏的 R&D 经费在全国范围内领先，均达到了 2000 亿元以上，较上一年的 1600 亿元有大幅上升；北京地区的研究与试验发展（R&D）经费投入强度（与地区生产总值之比）最大，为 5.9%（表 2－2）。

表 2－2　2016 年各地区研究与试验发展（R&D）经费情况

地区	R&D 经费支出（亿元）	R&D 经费投入强度（%）
全国	15676.7	2.1
北京	1484.6	5.9
天津	537.3	3.0
河北	383.4	1.2
山西	132.6	1.0
内蒙古	147.5	0.8
辽宁	372.7	1.7
吉林	139.7	0.9
黑龙江	152.5	0.9
上海	1049.3	3.8

续表

地区	R&D 经费支出（亿元）	R&D 经费投入强度（%）
江苏	2026.9	2.7
浙江	1130.6	2.4
安徽	475.1	1.9
福建	454.3	1.6
江西	207.3	1.1
山东	1566.1	2.3
河南	494.2	1.2
湖北	600.0	1.9
湖南	468.8	1.5
广东	2035.1	2.6
广西	117.7	0.6
海南	21.7	0.5
重庆	302.2	1.7
四川	561.4	1.7
贵州	73.4	0.6
云南	132.8	0.9
西藏	2.2	0.2
陕西	419.6	2.2
甘肃	87.0	1.2
青海	14.0	0.5
宁夏	29.9	0.9
新疆	56.6	0.6

资料来源：《2016 年全国科技经费投入统计公报》，2017 年 10 月。

三、工业技术创新能力持续提升，创新市场交易活跃

据世界知识产权组织、美国康奈尔大学和英士国际商学院共同发布《2017 年全球创新指数》报告显示，中国排名居第 22 位，比 2016 年上升 3

位。这是我国继2016年成为首个进入全球创新指数前25强的中等收入经济体之后，又一明显进步。

2017年12月，国家统计局发布了2016年中国创新指数测算结果，从结果看，2016年中国创新指数为181.2（2005年为100），比上年增长5.7%，呈现稳步提升态势。这表明我国落实创新驱动发展战略和“大众创业、万众创新”取得显著成效，创新能力和创新质量稳步提升，创新体系不断完善，创新型国家建设持续推进。

在全国技术市场的交易情况方面，从图2－3可以看出，自2013年以来，我国技术市场成交额一直保持稳步增长态势，每年增长速度一直保持在14%以上。2016年，我国技术市场贯彻落实《国家创新驱动发展战略纲要》和《“十三五”国家科技创新规划》，深入实施《促进科技成果转移转化行动方案》，科技成果转移转化成效明显，全国技术市场交易规模得到大幅提升，达到11407亿元。

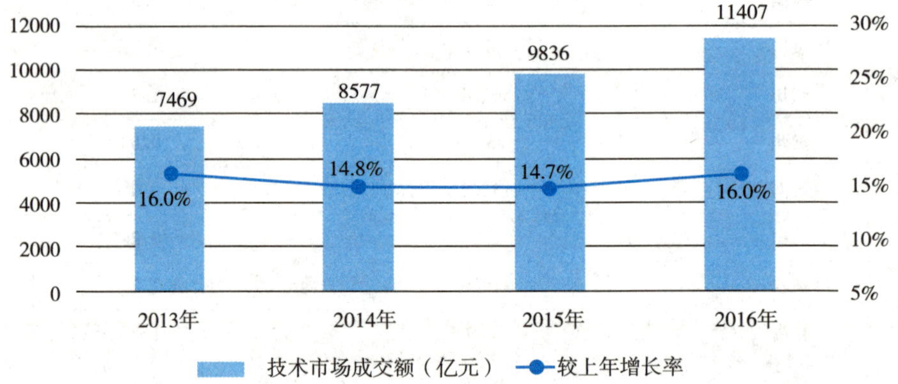

图2－3　2013—2016年全国技术市场成交额及增长率

资料来源：《2016年中国统计年鉴》，2016年10月。

在新产品销售方面，2016年，我国大中型工业企业实现新产品销售收入14.7万亿元，比上年增长14.2%；与主营业务收入之比为20.4%，比上年提高1.8个百分点，比重达近年来新高。企业各类新产品层出不穷，供给创新成效显著。

第二节　中国工业质量品牌情况

纵观德国、日本等国家的工业化发展历程，均经历了从初级产品的低质低量到高质高量，再到之后的高端产品创新制造能力提升的过程。质量品牌是国家综合实力的反映，随着我国制造业发展到工业化中后期，要进一步推进工业转型升级从制造业大国转变为制造业强国，推动工业产品解除低端锁定、脱胎换骨，就要依靠质量品牌这个有力武器。国务院印发的《中国制造2025》中指出，我国制造业企业要“树立品牌消费理念，提升品牌附加值和软实力”。目前我国高技术产业发展仍然处于“爬坡过坎”的关键时刻，产业“大而不强”，全球制造业发展格局和经济发展环境发生重大变化，必须紧紧抓住难得的历史机遇，努力实现中国制造向中国创造转变、中国速度向中国质量转变、中国产品向中国品牌转变。

一、发挥政策合力，营造质量品牌新环境

质量和品牌是制造业综合实力的集中反映，是制造强国的核心竞争力。近年来，我国广泛开展质量品牌提升行动，加强全面质量管理，健全优胜劣汰的质量竞争机制。2017 年是实施《中国制造 2025》的关键一年，也是装备制造业转型升级、提质增效发展、提高供给质量和水平的关键时期。

2017 年 5 月，国务院同意将每年 5 月 10 日设立为“中国品牌日”，这对于推进我国自主品牌建设，讲好中国品牌故事具有重要意义。随后，中国机械工业联合会和中国机械工业品牌战略推进委员会决定 2017 年在全行业开展质量品牌提升行动年活动：引导企业落实质量安全的主体责任；试点建立产品质量分级制度，健全优质优价的市场机制；推进重点领域质量提升和品牌培育；质量技术基础体系建设；加强质量品牌人才培养，开展各类学习培训活动；推进重点领域质量品牌提升；通过质量品牌提升行动年活动，打造中国制造品牌。

9 月，中共中央国务院出台《关于开展质量提升行动的指导意见》：全面

提升产品、工程和服务质量；破除质量提升瓶颈；夯实国家质量基础设施；改革完善质量发展政策和制度；切实加强组织领导。

11月，“中国工业质量品牌建设论坛”在北京召开。论坛重点强调，质量是制造强国建设的基石，品牌是制造强国建设的名片。在质量管理中，论坛提出无论是建设现代化经济体系，还是深化供给侧结构性改革，都必须把提高供给体系质量作为主攻方向，扩大优质增量供给。在品牌建设上，论坛呼吁要努力建设中国特色质量品牌文化，弘扬企业家精神和工匠精神，形成“中国产品向中国品牌的转变”。并且，要以创新驱动战略为支点，以提升品质为根本，不断提升中国品牌价值。

11月，为推动工业企业增强品牌培育能力，提升品牌竞争力，中国质量协会继续开展工业企业质量标杆示范工作，并公布了33家工业企业质量标杆名单。12月，工业和信息化部也确定了44家企业为2017年工业品牌培育示范企业。

二、扎实推进工作，助力工业质量品牌提升

2017年2月，工业和信息化部、国家质量监督检验检疫总局（简称质检总局）、国家国防科技工业局（简称国防科工局）印发了《促进装备制造业质量品牌提升专项行动指南》，主要目标是在实施制造强国战略的第一个十年，力争通过三个阶段的努力，实现我国装备制造业质量和品牌水平大幅提升。第一阶段，力争用三年时间，夯实装备制造业质量和品牌发展的基础，在重点领域取得突破。到2018年，装备制造业产品质量国家监督抽查合格率达到90%以上，新产品销售比重、成本费用利润率等指标水平得到提高。第二阶段，用三年时间，推动装备制造业质量和品牌整体提升，国产装备国内市场满足率、自主品牌市场占有率等指标得到显著提高。第三阶段，用四年时间，推动装备制造业质量和品牌达到世界制造强国水平，以中国装备树立中国制造的质量和品牌新形象。

2017年3月，工业和信息化部办公厅提出2017年工业质量品牌重点工作是提升全员质量品牌素质，推广先进质量管理方法，促进提升产品实物质量，深化企业品牌培育与区域品牌建设，扩大中国工业品牌的社会影响。

2017年5月，工业和信息化部、质检总局通知开展2017年工业质量品牌行动，主要内容为做好质量宣传动员，提升重点装备质量可靠性；保障产品质量安全，维护国家质量安全；实施质量技术基础提升工程，提升中国工业品牌形象；加强全面质量管理；帮扶小型微型企业质量改进；夯实质量文化建设。

三、我国质量品牌面临的问题与挑战

近年来，我国工业产品质量虽有一定提高，但必须看到我国工业产品技术水平基本上还处于国际中等水平，产品质量与先进国家相比还有很大差距。一是在性能、质量上落后于发达国家，二是一致性、稳定性、可靠性、安全性仍然是国产工业产品质量不高的主要方面，三是共性技术研发落后问题仍未得到根本解决，严重影响了我国工业产品的国际竞争力。

产生上述问题的深层次原因，主要可以归结为以下几个方面：（1）质量基础建设能力投入不足，关键技术研发落后，大部分工业核心技术仍以进口为主，严重制约了自主研发能力，难以达到工业产品在可靠性、寿命及加工精度等方面的高质量水平要求。（2）产品标准体系不健全，行业监管力度不足，存在部分标准缺失、检测技术落后；不分行业监管缺失、不完善；质量安全保障体系发挥作用不够。（3）企业建设品牌能力弱，附加值较低；部分中小企业质量意识淡薄，重速度，轻质量，质量管理流于形式，导致其产品质量不稳定。

第三节　中国部分工业领域知识产权和标准情况

随着国家创新驱动发展战略的深入推进，以及“大众创业、万众创新”工作的进一步开展，科技创新作为引领我国经济社会发展的第一动力的共识进一步凝聚，科技创新活动活跃度空前，科技成果层出不穷，体现为各类知识产权申请与授权量逐年创下新高，保持了持续快速发展态势。世界知识产权组织2017年11月20日在日内瓦发布的《2017世界知识产权指标》报告显示，

2016 年，全球专利、商标和工业品外观设计申请量再创新高，中国在这三个领域的申请量均居全球首位。中国受理的专利申请量超过了美国、日本、韩国和欧洲专利局的总和。在专利申请领域，2016 年，中国共受理专利申请 130 万件，但从人均计算，中国的专利申请量位居德国、日本、韩国和美国之后。

一、战略性新兴产业专利发展持续增长

《国务院关于加快培育和发展战略性新兴产业的决定》中明确战略性新兴产业由节能环保、新一代信息技术、生物、高端装备制造、新能源、新材料和新能源汽车七大产业组成。2012—2016 年，我国在战略性新兴产业的专利申请数量庞大，在中国受理并公开的数据，国家知识产权局公布的数量为 138.4 万件，占同期发明专利总量的 35%，2016 年中国在战略新兴产业的专利数量是 2012 年的 1.7 倍之多。从 2012 开始，战略性新兴产业的中国发明专利申请公开量持续增长，到 2016 年已经到达到 35.2 万件，年均增长速度为 14.8%。从战略性新兴产业的全球发明专利申请的七大战略领域来看，生物产业从 2012 年到 2016 年的发明专利申请总量位居首位，申请总量达到 126.1 万件，达到产业申请总量的 32.26%，新一代信息技术和节能环保产业的五年申请量累计达到 85.7 万件和 81.3 万件，这三个产业在七大产业中是发展最强势的产业。

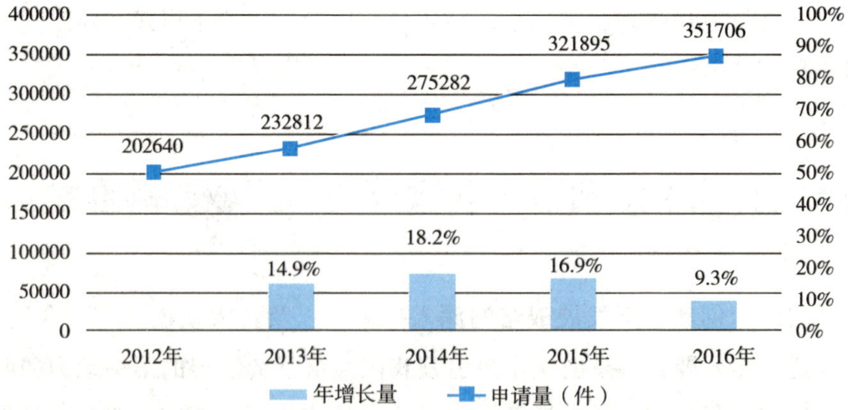

图 2－4　2012—2016 年我国战略性新兴产业发明专利申请走势

资料来源：国家知识产权局，2017 年 12 月。

2012—2016 年，战略新兴行业国内地区（包含港澳台地区）专利申请占比增幅 14.4%，战略性新兴产业的中国发明专利授权量持续增长，专利授权到从 2012 年的 92269 件增长到 2016 年的 157629 件，2016 年我国战略新兴产业发明授权数量是 2012 年的 1.7 倍，2012—2016 年战略性新兴产业中国发明专利授权量年均增加速度为 14.3%，2016 年同比增长达到 23.8%。

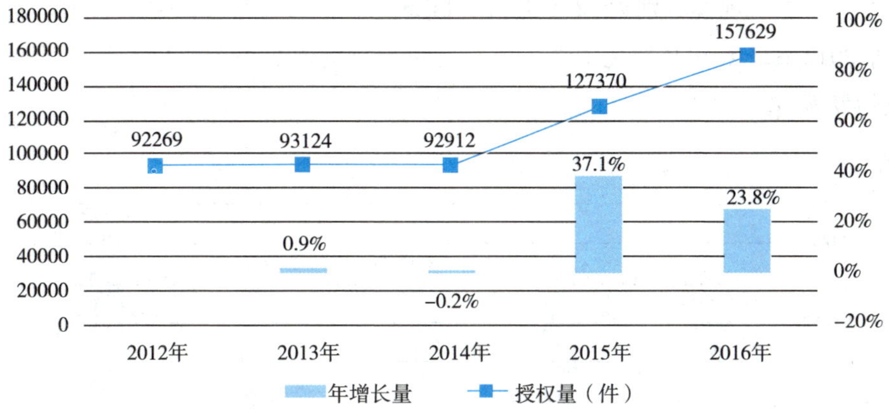

图 2-5　2012—2016 年我国战略性新兴产业发明专利授权走势

资料来源：国家知识产权局，2017 年 12 月。

（一）我国战略性新兴产业创新强势增长

截至 2016 年底，我国战略性新兴产业发明拥有量达 71.9 万件，数量接近全国发明总量的一半，说明我国在战略新兴行业的布局已成规模，创新投入的产出效果明显。在“十三五”的开局阶段，我国战略性新兴行业的创新优势开始凸显，在授权数量上已经达到产业授权新高，同比增长 23.8%，增速高出我国授权的平均标准，表明我国在战略新兴行业的布局与规划取得了突破性的成效，战略性新兴产业的技术推动效果显著，战略性新兴产业的增长趋势明显。战略性新兴产业的创新发展将引领我国产业的创新升级，推动我国智能制造发展，以技术推动我国的制造升级。国家在保持战略性新兴行业稳定发展的基础上，推动战略性新兴产业的技术辐射作用，为我国智能制造的广泛推广提供支撑。

（二）战略性新兴产业创新主体规模不断扩展

2016 年战略性新兴产业发明专利申请人达到 8.5 万户，并以 12% 的年平均增速稳步增长，形成了规模庞大的战略性新兴产业专利活动的创新主体。战略性新兴产业的研究人员不断扩充，2016 年战略性新兴产业国内发明人规模达 32 万人，是 2012 年的 1.6 倍，五年年均增速为 12.6%，为我国战略性新兴产业的专利活动提供坚实的人才支持，节能环保、生物、新一代信息技术产业发明人规模分别为 12.1 万人、11.5 万人、8.3 万人，位居七大产业前三。2012—2016 年高端装备制造业的发明人数增幅显著，超越了其他六个产业的发展。

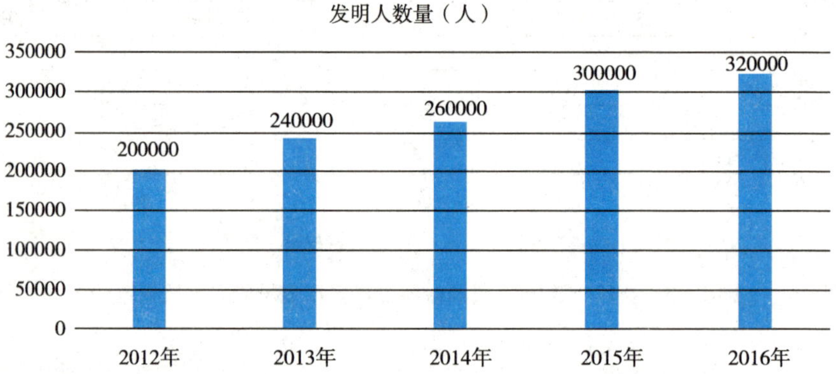

图 2－6　2012—2016 年我国战略性新兴产业发明人走势

资料来源：国家知识产权局，2017 年 12 月。

（三）我国战略性新兴产业发展的匹配问题有待进一步解决

我国战略性新兴产业发展受到各方阻力的作用，出现了发展不均衡以及发展不充分的问题，产业间的分化活动程度较高，对于不同行业的战略分布出现了明显差距。例如，在新一代信息技术产业和新能源汽车产业的投入较高，而在生物方向的创新发展则处于起步阶段。对于研究主体来说，高校与研究所的发明专利较多，知识产权的拥有量较多，而企业作为市场主体，知识产权比较优势不显著。我国知识产权在国际化发展的过程中面临的问题较多，知识产权的国际化发展道路尚处于起步发展阶段。我国的国家品牌，仅有国家电网公司（国家电网）、京东方科技集团股份有限公司（京东方）、华为技术有限公司（华为）、中兴通讯股份有限公司（中兴）、中国石油化工集团公司（中石化）、深圳市华星光电技术有限公司（华星光电）6家企业进入了战略性新兴产业全球发明专利申请前50的行列。节能环保、新一代信息技术、高端装备制造、新能源、新材料、新能源汽车产业2016年全球发明专利申请公开量前20申请人中，入围企业的数量相对较少，我国在生物领域的布局明显不足，生物产业全球发明专利申请公开量前20的申请人全部为国外企业。截至2016年底，我国战略性新兴产业发明专利拥有量排名前100专利权人中，国内企业共19家，而国外企业为50家①。

二、标准的制定与完善促进产业发展

标准对于促进国家现代化发展具有积极的作用，支撑了我国经济与社会发展的战略需求，随着我国产业发展的国际化发展，标准化建设也日趋完善。

（一）标准化法重新修订

近年来，标准化已被置于国家战略高度，“标准决定质量，有什么样的标准就有什么样的质量，只有高标准才有高质量”。2017年11月4日，在1988年通过的《中华人民共和国标准化法》迎来了29年来首次修订，《中华人民共和国标准化法》（2017年修订版）（以下简称新《标准化法》）的颁布，为我国的标准化发展提出了新的要求，提出了标准化的未来发展方向；将标准化发展的若干问题进行了法制化的规范，表明我国标准化的发展进入了一个新的发展阶段。新《标准化法》制定国家级强制标准与推荐标准，以推动国家行业与产业的质量提升。为了推动国家标准化体系的制定与发展，国家鼓励社会团体、企业制定高于推荐性标准相关技术要求的团体标准、企业标准，并支持团体与企业在重要行业与领域进行标准制定。新《标准化法》的制定，将有效提升标准制定执行的效率，为质量强国目标提供制度保障。要提升标准化的质量，就要对行业标准的制定进行科学的论证，以保证标准化工作的科学性、规范性与时效性。在新《标准化法》中，国务院将建立标准化协调机制，对跨部门的重大标准化工作进行协同管理，鼓励企业、团体等参与国家标准的制定。新《标准化法》将推动我国标准化的国际化进程，鼓励各组

① 国家知识产权局：《战略性新兴产业专利统计分析报告（2017年）》，《专利统计简报》第11期。

织参与国际标准化的制定，并根据我国经济发展的情况进行国际标准的推广。在国家标准方面，新《标准化法》将制定强制化国家标准，推行统计分析报告制度，对标准化的执行进行反馈，并进行相关标准的推广反馈，对影响经济发展的标准进行废除。为推动地方经济发展，新《标准化法》针对地方自然条件、风俗习惯，将组织制定具有地方特色的特殊要求的标准。

（二）团体标准不断加强

新《标准化法》最重大的调整是标准的分类，除原有的国家标准、行业标准、地方标准、企业标准外，增加了团体标准。团体标准指由团体按照自己（团体）确立的制定程序，自主制定、发布、采纳，并由社会自愿采用的标准。团体标准制定主体是社会团体。国家鼓励学会、协会、商会、联合会、产业技术联盟等社会团体协调相关市场主体共同制定满足市场和创新需要的团体标准，并由国务院标准化行政主管部门会同国务院有关行政主管对团体标准的制定进行规范、引导和监督。因其制定主体的多样性和主体内部利益的复杂化，决定了团体标准内容的多样化和质量的异质化。而新《标准化法》给出了它们各自的位阶，顺序是：国家标准、行业标准、地方标准、团体标准、企业标准。2017 年 12 月，依据新《标准化法》，质检总局、国家标准化管理委员会（国家标准委）、民政部制定了《团体标准管理规定（试行）》（以下简称《规定》），从团体标准的制定、实施和监督等方面提出对新《标准化法》有关规定的细化落实措施。《规定》的出台将会促进新《标准化法》的贯彻实施，为规范、引导和监督我国团体标准化工作提供有力支撑。

（三）强化标准的监督管理与国际化进程

新《标准化法》相对于现行标准化法（1988 版），新增加了第四章监督管理。新《标准化法》加大了对标准化制定部门的监督力度，对于标准化工作中出现的冲突，可以提交国务院的协调机制进行处理，对违反标准化的企业及单位进行监督惩罚。新《标准化法》在监督管理方面的新要求将进一步规范标准化的推行与实施，标准化的监督与管理工作的法制化进程会极力推动国家的标准化建设。2017 年，我国继续推进实施“一带一路”国家战略，切实发挥了标准化对“一带一路”建设的基础支撑作用。我国企事业单位牵头开展343项国际标准制定，《智慧可持续发展城市总体规划》等197项我国工业通信业标准成为国际标准，进一步提升了我国的国际标准话语权，对我国标准的海外推广应用以及以标准化促进政策通、设施通、贸易通、支撑互联互通有着重要意义。

第三章　七大热点

2017 年我国创新驱动发展不断深入，各项工作积极开展。党的十九大报告为未来我国的创新建设进行了战略高度的部署，雄安新区的设立为我国的创新增加了新的引擎。为了进一步推进创新驱动的深入开展，国家颁布了推动县域创新驱动发展的政策措施，推动大众创业、万众创新的开展力度，全面建设新型国家技术转移体系，完善成果的转移转化。

热点 1：党的十九大报告指出创新是引领发展的第一动力

2017 年 10 月 18 日，中国共产党第十九次全国代表大会上，习近平代表第十八届中央委员会向大会作了题为《决胜全面建成小康社会夺取新时代中国特色社会主义伟大胜利》的报告，报告指出，要加快建设创新型国家，创新是引领发展的第一动力。

一、创新是引领发展的第一动力

创新是国家发展的第一动力要素，为我国的现代化发展体系提供重要战略支持。报告进一步深化“科学技术是第一生产力”的理念，强化区域创新的重要作用，为解决我国现阶段的矛盾提出要以创新发展引领，满足人民美好生活需要的追求。党的十九大报告提出要建设科技强国、质量强国、航天强国、网络强国、交通强国、数字中国、智慧社会等，每一个目标都需要创新，都需要科技创新作为支撑。

二、对全面创新提出新要求

党的十九大报告对创新提出了新要求，要瞄准国际标准，发展提升我国的创新综合能力建设，对我国的基础研究提出了更高更好的要求。以“加强、拓展和突出”为关键词，对应用基础研究以及重大创新领域提出了发展规划布局，为我国的强国建设之路提供技术支持，进一步突出建设国家创新体系和增强战略科技力量的重要性。从深化科技体制改革的视角，发展以企业为主体、市场为导向、产学研深度融合的技术创新体系，明确现阶段我国创新的关键节点问题，提出了对中小企业进行重点扶持，促进科技成果的落地，成功实现技术的转移转化。在培养科技人才方面也提出具体要求，要培养造就一大批具有国际水平的战略科技人才、科技领军人才、青年科技人才和高水平创新团队。

热点 2：设立雄安新区打造新的区域增长极

2017 年 4 月 1 日，中共中央、国务院宣布，决定设立河北雄安新区。这是以习近平同志为核心的党中央作出的一项重大的历史性战略选择，是千年大计、国家大事。雄安新区是继深圳经济特区和上海浦东新区之后又一具有全国意义的新区，此处北京、天津与保定腹地，规划范围涉及河北三县（包括雄县，容城与安新）及周边部分区域，起步区面积约 100 平方公里，中期发展区面积约 200 平方公里，远期控制区面积约 2000 平方公里。雄安新区战略定位于打造新增长极和世界级城市群，在京津冀协同发展的大战略下，雄安新区重在疏解首都经济功能，承接首都部分新兴产业功能、部分科研教育功能、部分央企职能性机构、部分行政办公职能。雄安新区设立重要意义在于：集中疏解北京非首都功能；探索人口经济密集地区优化开放新方式；调整优化京津冀城市布局和空间结构；培育创新驱动发展新引擎。

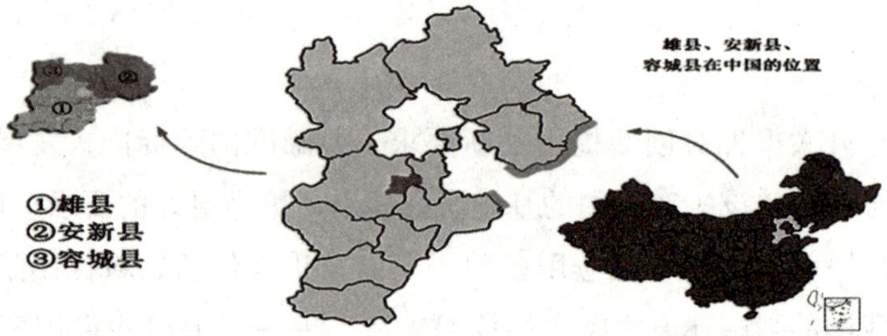

图 3－1　雄安新区区域战略规划

资料来源：https：//commons. wikimedia. org/wiki/File：Xiongan_ New_ Area. png。

一、疏解首都功能，加强区域协调

雄安新区的设立，对于缓解北京的城市压力，调整京津冀的综合布局与空间结构问题，探索人口密集城市的综合优化模式，都具有现实而深远的战略意义。

雄安新区的设立致力于重点打造北京非首都功能疏解集中承载地，有效缓解北京大城市病，开拓北京的新兴治理模式；合理布局区域发展格局，推动区域发展短板的综合治理，提升河北经济社会发展质量和水平，培育形成新的区域增长极，以北京冬奥会促进区域经济发展；优化京津冀城市布局和空间结构，拓展区域发展新空间，探索人口经济密集区域的优化开发新模式，加快构建京津冀世界级城市群。

二、建设工作稳步开展，科学理念影响深远

基于交通规划与产业布局，从经济的综合规划方向，积极推进雄安新区各项建设工作有序开展，发展以雄安新区为中心的区域发展建设，提升雄安新区的规划布局。

2017 年 9 月底，北京发布的《北京城市总体规划（2016—2035 年）》显示，北京将全力支持河北雄安新区规划建设，推动北京的非首都规划以及推动人口向雄安新区流动，积极开展交通网的综合建设，构建便捷的交通网络，为部分在京行政事业单位和企业等向雄安新区有序转移搬迁提供便利，支持北京市属学校、医院到雄安新区合作办学、办医等的转移活动，提供政策资

金多项支持。

在地方层面，河北省围绕生态优先、绿色发展的理念，依法为雄安新区启动秋冬季合作造林工程，平原地区异龄、复层、混交的近自然“千年秀林”工程拉开大幕。对于天津市，京沪二通道、天津至雄安新区城际铁路前期工作正在紧密筹划，积极创造条件早日开工。

三、发展目标明晰，突出七大任务

中央对于雄安新区的综合建设，分别从城市建设、生态建设、产业建设、公共服务、交通网络、资源配置以及对外开放等方面提出了不同的要求，对雄安新区的战略规划全面清晰，为指导雄安新区的建设起到高瞻远瞩的作用，为积极推动雄安新区的建设提出了更高的要求。

热点 3：推动县域创新驱动发展形成新局面

2017 年 5 月 24 日，为贯彻落实全国科技创新大会精神，全面实施《国家创新驱动发展战略纲要》，推动实现县域创新驱动发展，国务院办公厅发布《关于县域创新驱动发展的若干意见》（国办发〔2017〕43 号）。

一、推动形成县域创新创业新热潮，促进实现县域创新驱动发展

全面贯彻党的十八大和十八届三中、四中、五中、六中全会精神，牢固树立和贯彻落实新发展理念，发挥科技创新在县域供给侧结构性改革中的支撑引领作用，强化科技与县域经济社会发展有效对接，打通从科技强、产业强到经济社会发展强的通道。

按照创新驱动、人才为先、需求导向、差异发展的基本原则，以建设创新型县（市）和创新型乡镇为抓手，深入推动大众创业、万众创新，整合优化县域创新创业资源，构建多层次、多元化县域创新创业格局，推动形成县域创新创业新热潮，以创业带动就业，培育新动能、发展新经济，促进实现县域创新驱动发展。

二、改善县域创新驱动发展环境，增强创新驱动发展能力

到 2020 年，县域创新驱动发展环境显著改善，创新驱动发展能力明显增强，全社会科技投入进一步提高，公民科学素质整体提升，大众创业、万众创新的氛围更加浓厚，形成经济社会协调发展的新格局，为我国建成创新型国家奠定基础。

到 2030 年，县域创新驱动发展环境进一步优化，创新驱动发展能力大幅提升，创新创业活力有效释放，产业竞争力明显增强，城乡居民收入显著提高，生态环境更加友好，为跻身创新型国家前列提供有力支撑。

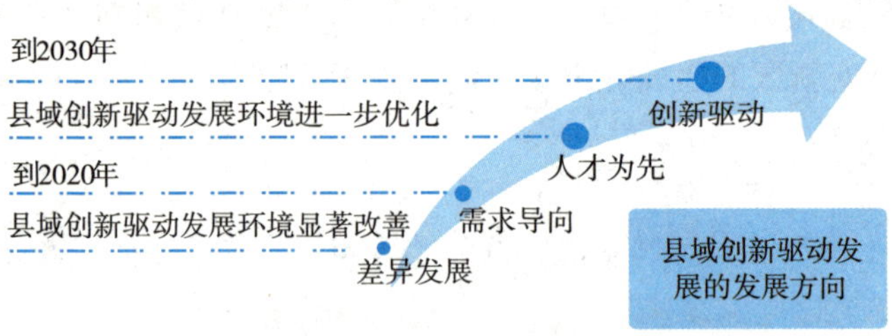

图 3－2　县域创新驱动发展的战略规划

资料来源：赛迪智库整理，2017 年 12 月。

三、落实八项重点任务，形成县域创新驱动发展的良好局面

第一，加快产业转型升级。对于区域的发展制定针对性的战略与规划，对城镇的综合发展进行综合的资源配置，加快技术对区域发展的综合作用。

第二，培育壮大创新型企业。找准县域创新驱动发展的着力点，加强企业技术创新平台和环境建设，在有条件的县（市）培育一批具有较强自主创新能力和国际竞争力的高新技术企业，培育一批掌握行业“专精特新”技术的科技“小巨人”企业。

第三，集聚创新创业人才。积极推动创新人才建设，推动企业家在县域进行创新创业活动，提供创新创业的政策支持，运用股权期权激励等措施，激发各类人才的创新创业活力。

第四，加强创新创业载体建设。科学编制县城总体规划，支持有条件的

县（市）高起点规划、高标准建设高新技术产业开发区、农业科技园区、火炬特色产业基地等创新创业平台，并将相关园区纳入县城总体规划统一管理，引领县域创新驱动发展。

第五，促进县域社会事业发展。充分发挥市场主体作用，结合地方特色产业基础和发展潜力，加大对经济发达镇、特色小镇、专业小镇、技术创新专业镇等的支持力度，建设美丽乡村。

第六，创新驱动精准扶贫精准脱贫。实施科技扶贫行动，强化科技创新对精准扶贫、精准脱贫的支撑引领作用，瞄准县域脱贫攻坚中存在的科技和人才短板，动员全社会科技资源投身脱贫攻坚，提升县域发展的内生动力。

第七，加大科学普及力度。把县域科学普及摆在与科技创新同等重要的位置，深入开展农业科技教育培训和农村科普活动，切实提高农民科学素质。提高县域中小学科普教育质量，为青少年提供更多参加科普活动的机会。

第八，抓好科技创新政策落地。对政策进行解读与宣传，推动高技术产业的税收减免以及政策支持力度，使得国家政策与产业政策不断对接，形成高技术产业发展优势。

热点 4：推进大众创业、万众创新深入发展

2017 年 7 月 27 日，为了加强大众创业、万众创新的深入发展，拓展政策实施的广度和深度，国务院颁布了《关于强化实施创新驱动发展战略进一步推进大众创业万众创新深入发展的意见》（国发〔2017〕37 号，以下简称《意见》），积极推进大众创业、万众创新的平台建设，为全面推动创新驱动战略的发展提供有效的支撑与保障，为全面实施创新驱动发展战略、培育壮大新动能、改造提升传统动能和促进我国经济保持中高速增长、迈向中高端水平提供强劲支撑。

一、大众创业、万众创新深入发展是实施创新驱动发展战略的重要载体

近年来，大众创业、万众创新蓬勃兴起，推动了创新创业的不断发展，

在推动大众创业、万众创新的发展过程中，推动观念更新、制度创新和生产经营管理方式的深刻变革，优化创新路径，提升创新创业的效率，推动创新创业的优化升级，为我国的经济发展共享更多的力量。深入推进供给侧结构性改革，全面实施创新驱动发展战略，加快新旧动能接续转换，着力振兴实体经济，必须坚持“融合、协同、共享”，推进大众创业、万众创新深入发展。坚持创新为本、高端引领，推动创新驱动朝着高水平、国际化的方向发展。推动创新创业的改革，精准实施各项政策，帮助创新创业的改革深入到创新创业活动中。坚持创新创业的人才优先建设，建立创新创业主体的合作管理，形成创新创业协同创新网络。优化创新创业的环境，强化政策的推广落实，充分释放全社会的创新创业潜力，在更大范围、更高层次、更深程度上推进大众创业、万众创新。

二、加快科技成果转化，促进实体经济转型升级

推动科技成果的转移转化，提供实体经济的转型升级，促进产业的知识产权保护，为创新转化提供优质的转移环境。活跃技术交易，提升创业服务能力，优化激励机制，共享创新资源，加速科技成果向现实生产力转化。重点突破创新创业活动中的制度障碍，建立完善知识产权保护制度体系，建立成果转移转化的协同保护体系。在知识产权的授权、确权与维权方面，简化程序优化管理，推进知识产权保护向多个领域不断渗透。为知识产权成果的市场化创造条件，建立财政支持制度，引导众创空间向专业化、精细化方向升级，支持不同的创新主体进行细分领域的创新创业的平台建设。探索创新孵化器对科研院所创新成果转化的作用，强化激励向导，提升科研院所的科技成果转化效率。推行创新试点建设，开放创新设备的开放共享，探索仪器设备所有权和经营权分离机制，探索专业服务机构对成果转移转化的社会服务形式。实施科研院所创新创业共享行动，积极推动科研院所进行创新成果的转移转化能力的提升，最大化发挥科研院所的创新优势。进一步开放现有科研设施和资源，推动科技成果在全社会范围实现共享和转化。深入实施“互联网 +”“中国制造 2025”及军民融合发展、新一代人工智能等重大举措，积极推动创新创业平台建设，发展协同共享经济，推广新技术、新业态

以及新模式对传统产业的改造升级，增强我国在创新领域的核心竞争力，实现产业间的协同发展。

三、拓展企业融资渠道，完善人才流动激励机制

不断完善金融财税政策，创新金融产品，扩大信贷支持，推进国家在创新创业方面的金融支持政策完善。支持商业银行改造小微企业信贷流程和信用评价模型，提高审批效率，完善融资服务机制，为科技型中小企业提供全生命周期的投融资服务，推广专利权质押等知识产权融资模式，鼓励保险公司为科技型中小企业知识产权融资提供保证保险服务，对符合条件的由地方各级人民政府提供风险补偿或保费补贴。为中小企业提供资金的绿色通道服务，优化直接融资机制，扩大政策支持与创新债券的试点规模。鼓励地方各级人民政府建立政银担、政银保等不同类型的风险补偿机制，建立完善适应中小企业发展的绩效评价体系。实施推广创新创业的税收试点政策，引导社会资本与民间资本参与创业投资。完善创新创业方面的投资信用体系建设，规范创新创业投资的信用记录。在国家的战略性新兴产业建立创新引导资金、发展基金和科技成果转化基金，引导国家在创新创业方面的金融支持，推动各级政府配合国家的政策，建立对引导基金的运行监管机制，健全完善创新券、创业券的管理制度和运行机制。充分激发人才创新创业活力，建立创新人才的流动机制，为创新创业人才的流动创造优质环境，提供便捷的人才准入政策。

四、建立健全创新政府管理方式

进一步深化“放管服”改革，增加普惠性的政策完善与推广，加强营商环境的优化，放宽市场准入的条件，积极推进创新试点建设，推动政府与社会良好的互动发展体系。出台一系列的审查监管制度，为创新创业营造统一开放、竞争有序的市场环境，进一步完善企业登记制度改革，加大事中事后监管力度，加强创新的市场管理工作，联合不同部门开展创新活动联合监管，推动建立教育等行业的互联网准入条件，降低创新的成本与门槛。推动新兴产业的监管与支持，积极推动创新试点建设，加快建设全国双创示范基地，

推进小微企业创业创新基地城市示范，推进创新创业示范基地在农村的建设。组织实施好“创响中国”系列活动，推动创新创业理念更加深入人心，发挥创业投资企业、院士专家、新闻媒体对创新创业的推动作用，营造地方创新创业良好氛围。

热点5：全面推动我国经济进入追求质量的新时代

2017年9月5日，中共中央、国务院提出《关于开展质量提升行动的指导意见》（以下简称《指导意见》），开展我国的质量提升工程，制定了全国各个行业的质量建设建议，由多部门联合签署发布，是国家从战略层面对经济发展质量追求的新高度。

一、以提高发展质量和效益为中心，加快培育国际竞争新优势

为推动我国的质量建设，落实习近平总书记系列重要讲话精神和治国理政新理念新思想新战略，牢固树立和贯彻落实新发展理念，积极推进全面质量监管，提升我国产业的国际竞争力。要全面推动我国以质量为第一的价值导向，满足人们对产品质量日益增长的需求，以企业为质量提升主体，积极推进质量的改革创新。发展新兴智能技术，以技术推动产品质量的提升，到2020年，产业、工程与服务质量都得到明显的改善，区域的创新质量显著提升，国家质量的支持体系充分完善。

二、重点开展五项工作

第一，全面提升产品、工程和服务质量。《指导意见》指出，要增加农产品、食品药品优质供给，促进消费品提质升级；提升装备制造竞争力，提升原材料供给水平，提升建设工程质量水平；推动服务业提质增效，提升社会治理和公共服务水平；加快对外贸易优化升级。

第二，破除质量提升瓶颈。实施质量攻关工程，加快标准提档升级，激发质量创新活力，推进全面质量管理，加强全面质量监管；着力打造中国品

牌，推进质量全民共治。

第三，夯实国家质量基础设施。《指导意见》指出，要加快国家质量基础设施体系建设，深化国家质量基础设施融合发展，提升公共技术服务能力，健全完善技术性贸易措施体系。

第四，改革完善质量发展政策和制度。加强质量制度建设，加大财政金融扶持力度；健全质量人才教育培养体系，健全质量激励制度。

第五，切实加强组织领导。《指导意见》进一步指出，要实施质量强国战略，要加强党对质量工作领导，狠抓督察考核，加强宣传动员。

热点6：全面建设新型国家技术转移体系

2017年9月15日，为深入落实《中华人民共和国促进科技成果转化法》，加快建设和完善国家技术转移体系，国务院发布《国家技术转移体系建设方案》。

一、分两阶段建设新型国家技术转移体系

坚持市场主导、政府推动，改革牵引、创新机制，问题导向、聚焦关键，纵横联动、强化协同的基本原则，预计到2020年，建立符合国家发展的技术转移体系，技术市场互联互通，实现技术转移机构、人才等多种创新要素的有机融合，技术转移的路径畅通，配合国家创新政策，实现科技成果的有效转移转化，建立有助于科技成果转化的体制机制。

到2025年，结构合理、功能完善、体制健全、运行高效的国家技术转移体系全面建成，技术市场的优化进一步完善，技术转移体制机制更加健全，科技成果的转移转化更加顺畅。

二、从三方面展开国家技术转移体系布局

建设和完善国家技术转移体系是一项系统工程，要着眼于构建高效协同的国家创新体系，从技术转移的全过程、全链条、全要素出发，从基础架构、

转移通道、支撑保障三个方面进行系统布局。

首先，从基础架构方面，要积极推动各个创新主体的关键作用，积极推动企业、高校与科研院所在技术转移活动中发挥最大效能，以统一开放的发展理念为技术创新的转移转化提供支持，开展技术转化的人才建设，建立技术转移网络，构建完善的技术转移体系。

其次，在转移通道方面，通过对科研人员在技术转移方面的培养，建立科研工作者的创新创业以及跨行业的技术转移体系，增强区域技术转移的创新辐射，促进区域创新资源的合理配置，引导技术转移要素的有机融合，加快技术转移模式的创新与优化。

最后，在支撑保障方面，强化投融资、知识产权等服务，营造有利于技术转移的政策环境，确保技术转移体系高效运转。

热点7：推进国家科技创新基地与条件保障能力建设

2017年10月24日，为推动落实国家创新驱动发展战略的深入发展，加强《“十三五”国家科技创新规划》的部署规划建设，科技部、国家发展改革委印发了《“十三五”国家科技创新基地与条件保障能力建设专项规划》(国科发基〔2017〕322号)，旨在提升国家的创新基地建设与条件保障支持，把国家科技创新基地、重大科技基础设施和科技基础条件保障能力建设作为提升科技创新能力的重要载体，建立一支跨学科、跨领域的高水平学术研究队伍，为国家科技创新基地的发展提供坚实的物质支持。面向国家在创新发展方向的重点领域与重点行业，进行跨组织协同创新活动，满足我国在科技创新方面的需求。优化科技创新基地的建设布局，提升国家科技创新基地的保障能力，是推动我国科技创新建设发展的重要方向。

一、夯实自主创新的物质技术基础

为促进国家的创新驱动发展，立足创新体系优化建设，着力解决基础研究、技术研发、成果转化的协同创新，提升科技基础条件的保障能力与资源共享能力，为我国的自主创新建设奠定坚实的物质基础。以国家实验室的综合建设为基础，推进国家创新基地的综合规划与建设，优化创新基地的布局与管理。深化创新基地的改革，实现创新体系的转变，推进科技创新基地的基础条件建设，实现我国科研大幅提高基础支撑能力和自我保障能力。到2020年，形成布局合理、定位清晰的国家科技创新基地的保障能力体系。

二、推动国家科技创新基地综合建设

推动国家科技创新基地与科技基础条件保障能力体系建设，增加国家科技创新基地的创新与分类分级管理，形成国家科技创新基地的基础保障能力建设与科技创新活动的紧密衔接，形成国家科技创新基地的创新建设新格局。推进科学与工程研究、技术创新与成果转化、基础支撑与条件保障等创新基地的建设与发展，增加创新基地的支持。深化国家科技创新基地的体制机制改革，推动国家的创新建设。指导国家科技创新基地瞄准国际前沿，进行创新科学探索，围绕国家战略目标，围绕重点工程，开展协同创新活动。加强基础支撑与条件保障类国家科技创新基地建设，加强科技基础条件保障能力建设，提升我国在重大科研基础设施、国家质量技术基础研究、动物资源研发与运用以及科研用试剂的研发工作。通过全面开放科技资源，实现科技资源的共享与利用。对国家科技创新基地进行法人主体管理，完善开放共享的管理制度，实现资源在国家科技基地与其他协同主体间流动，促进国家、地方的科研基地的协同发展。

三、加强国家科技创新基地保障支持

加强国家科技创新基地的统筹协同与组织管理，根据自身的发展定位、组织目标与任务，对科技创新基地进行统筹规划，推动国家科技创新基地的政策的落实。对国家科技创新基地的运行制度与评估机制进行规划管理，形成科学合理的组织管理模式与有效的运行机制。将国家科技创新基地的管理融入全过程管理，加强各类科技创新基地的监督管理，健全用户评价监督机制，完善服务登记、跟踪和反馈制度，不断提高国家科技创新基地的运行效率和社会效益。对国家科技创新基地的管理制度进行评估考核，妥善处理管理过程中出现的问题，积极推动国家科技创新基地的保障建设。推动人才培养与创新队伍建设，面向国家科技创新基地培养专业性较强的人才队伍，提供人才的战略支持。加强科技创新基地的资源配置，将强化科技创新基地的资源配置，配合绩效考核与政府支持，进一步完善国家科技创新基地支持与保障。

行 业 篇

第四章　装备行业

装备制造业作为国家重要战略产业，是国家制造业的脊梁、国民经济增长的引擎、高新技术的载体。装备制造业为经济建设和国防安全提供各类技术装备，其发展水平也是衡量一个国家和地区科技进步和综合竞争力的重要标志。《中国制造 2025》提出要重点发展的十大技术领域，核心就是要在高端装备制造业取得突破式的发展。2017 年，我国重大技术装备自主化水平全面提升，新兴装备制造业增长势头强劲，高端装备制造业自主创新能力持续增强，智能制造装备、机器人、新能源汽车等重点领域技术创新成果不断涌现。本章总结了 2017 年我国智能制造、新能源汽车等重点领域技术发展、创新及产业化情况，列举了装备制造业分行业的技术创新主要数据，分析了行业内整体技术水平不足、创新载体建设不足、协同创新能力不足等问题，并提出了三点建议，一是加快自主创新，提升产业核心竞争力；二是加快建设制造业创新中心，补全产业创新链条；三是推进智能制造纵深发展，加快制造业高质量发展。

第一节　总体情况

一、重点领域技术创新、产业化发展情况

（一）智能制造装备

智能制造装备作为智能制造产业的重要组成部分，集合了目前最为先进的制造技术、信息技术以及人工智能技术，能够显著提高生产效率和产品的制造精度，实现生产过程的自动化和智能化，是制造业转型升级的重点发展

方向。2017年，美国、德国等制造强国积极部署智能制造发展新战略，不断推出智能制造发展新举措，力争打造智能制造竞争新优势。2017年初，美国制定《国家机器人计划2.0》，通过支持基础研究来加快协作型机器人的研究开发和实际应用。1月，美国成立先进机器人制造创新中心（Advanced Robotics Manufacturing Innovation Hub，ARM），主要针对机器人制造相关技术开展研究。2017年4月，德国工业智库联合德国业界专家发布工业4.0成熟度模型，帮助企业客观评估、认识当前的处境，指导企业有效提高自身工业4.0成熟度，从而有条理、有层次地实现工业4.0的业务目标。2017年，我国出台多项政策推动智能制造产业发展，并在机器人领域启动了创新中心的建设，加强关键共性技术和前沿技术的研发。

1. 政策支持力度不断加大

2017年12月，中华人民共和国工业和信息化部（以下简称工信部）发布《促进新一代人工智能产业发展三年行动计划（2018—2020年）》，通过贯彻落实规模化发展重点产品、增强整体核心基础能力、提高重点工业领域智能化水平、建立产业支撑体系四大任务，推动人工智能和实体经济深度融合。

表4－1 部分省市出台的智能制造相关政策汇总

地方	政策名称	主要任务	主要目标
广东	《广东省智能制造发展规划（2015—2025年）》	1. 构建智能制造自主创新体系 2. 发展智能装备与系统 3. 实施“互联网＋制造业”行动计划 4. 推进制造业智能化改造 5. 提升工业产品智能化水平 6. 完善智能制造服务支撑体系	到2025年，全省制造业综合实力、可持续发展能力显著增强，在全球产业链、价值链中的地位明显提升，全省建成全国智能制造发展示范引领区和具有国际竞争力的智能制造产业集聚区
浙江	《浙江省“机器人＋”行动计划》	1. 大力推进机器人应用 （1）推进“机器人＋”制造，加快发展智能制造； （2）推进“机器人＋”物流，打造智能物流体系； （3）推进“机器人＋”健康，助力实施健康浙江战略； （4）推进“机器人＋”服务，提高生活智慧化水平；	机器人创新体系进一步完善。建设30个市级以上创新载体，组织实施50个以上关键技术攻关项目和50个以上重发产业化项目，机器人关键零部件制造、整机设计、人机协同等核心技术实现突破，机器人智能化水平显著提升。建设一批机器人创新公共服务平台，协同创新的长效机制初步建立

续表

地方	政策名称	主要任务	主要目标
浙江	《浙江省“机器人 +”行动计划》	(5) 推进“机器人 +”农业，加速农业现代化发展； (6) 推进“机器人 +”特殊领域，保障生命安全 2. 大力发展机器人产业 (1) 培育一批机器人拳头产品； (2) 突破一批机器人核心关键技术； (3) 培育机器人龙头企业； (4) 发展机器人关键零部件； (5) 加强机器人标准体系和公共服务平台建设	机器人应用进一步扩展。在役工业机器人拥有量达到10万台，制造业机器人密度达到120台/万人以上，培育专业特色明显、辐射带动力强的机器人应用工程服务公司300家以上，在制造、物流、生活服务、农业、健康、特种环境等领域形成一批机器人应用示范，并在部分领域得到较为普遍的应用。 机器人产业长足发展。机器人产业销售收入突破1500亿元，建设若干产值50亿元以上的机器人产业园或特色小镇，机器人整机与关键零部件协调发展，成为引领高端智能装备产业发展、促进传统产业转型升级的重要引擎与增长极。 “机器人 +”新业态不断涌现。引进与培养一批机器人研发与应用的创业创新团队，机器人新产品大量推广应用，机器人产业专业服务不断拓展，以机器人应用为核心的新型智能制造模式示范效应显现，催生一批符合市场规律、适应市场需求、提高社会生活智慧化水平的新业态，初步形成具有较强竞争力和可持续发展的机器人产业生态圈
江苏	《江苏省“十三五”智能制造发展规划》	1. 着力发展高端智能制造装备 2. 着力培育智能制造生态体系 3. 着力构建智能制造支撑服务体系 4. 着力强化智能制造基础设施建设 5. 着力推进智能制造试点示范 6. 着力支持重点行业智能转型	到2020年，全省智能制造水平明显提高，智能装备应用率、全员劳动生产率、资源能源利用效率显著提高，企业安全生产、节能减排水平大幅提升，形成较完整的智能制造装备产业体系，部分关键技术与部件取得创新突破，工业软件支撑能力明显增强，智能制造新模式不断完善，成为具有国际影响力、国内领先的智能制造先行区
重庆	《重庆市智能制造工程实施方案》	1. 关键技术突破 2. 智能制造示范 3. 积极参与国家智能制造标准体系 4. 建设智能制造公共服务平台 5. 引进培育一批具备整体设计能力和解决方案提供能力的专业化机器人及智能装备系统集成企业	到2020年，全市智能装备全产业集群将实现产值1000亿元。要研发100项以上行业领先的关键技术、核心部件和整机装备，高档数控机床、工业机器人、增材制造（3D打印）等重点产品达到国内先进水平，力争在电子制造装备、人机智能等领域取得重大突破，智能装备全产业集群实现产值1000亿元。关键工序数控化率要达到55%，数字化研发设计工具普及率要达到75%。力争建成10个数字化工厂、100个数字化车间和1000个智能生产单元，试点示范项目平均生产效率提高20%以上，运营成本降低20%以上，产品研制周期缩短30%以上，产品不良品率降低20%以上，能源利用率提高10%以上

续表

地方	政策名称	主要任务	主要目标
宁波	《宁波市智能制造工程三年攻坚行动计划（2017—2019）》	1. 突破一批智能技术和装备 2. 培育智能制造新模式 3. 推动一批智能制造试点示范工程 4. 构建智能制造应用服务体系 5. 加强智能制造标准建设	到2019年，我市智能装备产业规模将接近1000亿元，形成年产7万台成套装备、机器人整机的产能规模，智能核心技术装备在重点行业、产业集群和块状经济区域得到较广泛应用
杭州	《杭州市智能制造产业发展“十三五”规划》	1. 培育壮大智能装备制造 2. 突破发展工业软件及系统集成服务 3. 大力推进智能制造集成应用 4. 完善创新链条，优化创新体系 5. 加强技术攻关突破技术瓶颈 6. 实施试点示范项目促进制造业提质增效 7. 培育优势企业完善产业体系 8. 建设特色基地优化发展平台 9. 健全人才队伍强化智力支撑	产业规模快速壮大。力争到2020年，全市基本形成涵盖机器人（无人机）、3D打印、智能可穿戴设备、高端数控设备、智能成套专用设备以及物联网、云计算、大数据、工业软件等领域的智能制造产业链体系，全产业链主营业务收入规模达到5000亿元左右；其中，涵盖机器人（无人机）、3D打印、高端数控设备、智能成套专用设备、精密智能仪表及传感设备、智能制造集成应用等智能制造产业核心领域主营业务收入规模达到500亿元左右。 创新能力显著增强。力争到2020年，新增20家省级以上企业技术中心，创建1~2家省级制造业创新中心，培育3~5个以智能制造为主攻方向的领军型创新创业团队，参与制（修）订标准20项。 智造体系不断完善。力争到2020年，全市智能制造产业核心领域主营业务收入超20亿元的企业5家，智能制造集成应用企业达到50家，培育一批特色小镇。 应用示范领先全国。力争到2020年，两化融合发展水平总指数90以上，总体处于全国领先水平，重点企业装备数控化率56%，机器联网率35%，规模以上制造业全员劳动生产率年均提高7%左右。实施智能制造试点项目300项以上，培育一批“数字化车间”和“智能工厂”样板

续表

地方	政策名称	主要任务	主要目标
无锡	《无锡市智能制造三年（2017—2019年）行动计划》	1. 实施智能制造试点示范工程，开展“千企技改”装备升级行动 2. 实施智能装备强基工程，开展装备和产品智能化发展行动 3. 实施智能制造协同创新工程，开展智能制造自主创新体系构建行动 4. 实施智能制造支撑工程，开展智能制造生态体系培育行动 5. 实施智能制造人才工程，开展“太湖人才计划”智能提升行动	技术装备突破。掌握一批具有自主知识产权的智能制造核心技术和系统软件，研制一批国产化的成套智能装备和高端关键零部件，新增首台（套）重大智能制造装备及生产线15个左右。全市智能装备占装备制造业产值比重逐年提高，新增智能装备制造产业园1个。 制造水平提升。全市新增使用工业机器人900台，重点行业机器人密度（每万名员工使用机器人台数）达到200台。全市规模以上工业企业85%实现自动化、数字化制造。 试点示范效应。全市新增省级以上示范智能车间30个，省级制造业与互联网融合创新示范试点企业35家，推动一批智能工厂建设，创建一批国家智能制造试点示范项目。 经济质量效益。全市工业全员劳动生产率年均增长7%以上。新增省级以上品牌240个，其中国家驰名商标4件，省著名商标80件。万人发明专利拥有量达到32件。万元GDP能耗年均下降4%左右

资料来源：各地人民政府公报，赛迪智库整理，2018年1月。

2. 《国家机器人创新中心建设方案》顺利通过论证

国家制造业创新中心是由企业、科研院所、高校等各类创新主体自愿组合、自主结合，以企业为主体，以独立法人形式建立的新型创新载体①。进一步推动国家制造业创新中心建设工程，可以有效聚集产业创新资源，发挥已有各类创新载体的作用，瞄准制造业创新链和供应链的薄弱环节及共性难题，促进科技成果转移扩散和首次商业化，形成以制造业创新中心为核心节点的制造业创新体系，支撑我国制造强国建设。

机器人是实现智能制造的重要基础，以机器人作为重要着力点，全面推进机器人在工业领域的推广应用，可以全面提升我国制造业的自动化和智能化水平，积极促进制造业的转型升级。国家机器人创新中心建设工作自启动以来，筹备组广泛调研，多次组织来自中国工程院、科研院所、高校和企业

① 资料来源：《制造业创新中心建设工程实施指南》。

等专家召开研讨会。2017 年 5 月 5 日，沈阳智能机器人国家研究院有限公司完成注册，正式取得营业执照。2017 年 9 月 30 日，辽宁省工信委就《国家机器人创新中心建设方案》组织召开方案研讨会。2017 年 10 月 18 日，《国家机器人创新中心建设方案》通过国家制造业创新中心专家组论证。

表 4 –2　国家机器人创新中心

国家机器人创新中心（以下简称创新中心）面向制造业、特种应用、社会服务对机器人技术与装备的重大需求，重点解决我国机器人技术和产业中存在的专业人才匮乏、核心零部件利润低、标准规范缺失等问题。创新中心以产业基础问题和共性关键技术研究为主要任务，重点突破关键零部件、共性关键技术、工业机器人、服务机器人和机器人应用解决方案 5 个方面的关键技术，推动我国机器人技术和产业的健康发展。 创新中心以“公司 + 联盟”的模式组建，一方面由沈阳新松机器人自动化股份有限公司、哈尔滨工业大学资产投资经营有限公司等 14 家股东组成沈阳智能机器人国家研究院有限公司；另一方面充分利用中国机器人产业联盟、机器人产业技术创新战略联盟等现有体系。创新中心将构建沈阳、哈尔滨、南京、北京、广州等多地机器人创新网络，打造“院士 + 千人计划 + 长江学者”为核心的高层次技术攻坚队伍，进行集成研发，建设成为调动全国创新力量的国家机器人创新平台。在运行机制方面，创新中心设立指导委员会，由主管部门、地方政府、倡导单位组成，负责规划中心的未来发展战略；设立科学技术委员会，由学术、产业界专家组成，负责创新中心科技发展规划和项目筛选；设立股东大会，由会员单位组成，确定董事会成员，重大资产处置方案；设立董事会，制定创新中心章程，确定创新中心主任人选，并由创新中心主任负责创新中心的具体运行。 国家机器人创新中心的建设工作共分三个阶段： 第一阶段（至 2020 年）：探索创新机制，形成高效的运转模式，成为引领我国机器人产业发展的研发机构，实现机器人技术革命性突破。 第二阶段（至 2025 年）：建立健全的创新中心运行和管理机制，促进“产学研用”深度融合，成为我国机器人产业持续创新的动力源泉，成为国际知名的机器人技术研发转化平台，支撑我国机器人产业加快发展。 第三阶段（至 2030 年）：形成国际先进的机器人研发能力，成为排名靠前的全球机器人产业发展的创新机构，引领机器人产业实现创新发展。

资料来源：赛迪智库整理，2018 年 1 月。

（二）新能源汽车

1. 新能源汽车产销量持续增长

据统计，2017 年我国新能源汽车生产 79.4 万辆，销售 77.7 万辆，比上年同期分别增长 53.5% 和 53.3%。产销增速同比提高 2.1 和 0.3 个百分点。其中，纯电动汽车产销分别完成 66.7 万辆和 65.2 万辆，同比分别增长 59.8% 和 59.6%；插电式混合动力汽车产销分别为 12.8 万辆和 12.4 万辆，同比分别增长28.5%和26.9%①。

2. 政策支持力度不断加大

近两年，国家相关部门出台了多项支持政策推进新能源汽车的发展。如《促进汽车动力电池产业发展行动方案》《智能汽车关键技术产业化实施方案》等一系列相关政策。

表4－3　2017年新能源汽车重要政策汇总

政策名称	政策内容
《乘用车企业平均燃料消耗量与新能源汽车积分并行管理办法》	对传统能源乘用车年度生产量或者进口量不满3万辆的乘用车企业，不设定新能源汽车积分比例要求；达到3万辆以上的，从2019年度开始设定新能源汽车积分比例要求。2019年度、2020年度，新能源汽车积分比例要求分别为10%、12%
《关于免征新能源汽车车辆购置税的公告》	自2018年1月1日至2020年12月31日，对购置的新能源汽车免征车辆购置税。对免征车辆购置税的新能源汽车，通过发布《免征车辆购置税的新能源汽车车型目录》（简称《目录》）实施管理。2017年12月31日之前已列入《目录》的新能源汽车，对其免征车辆购置税政策继续有效
《新能源汽车生产企业及产品准入管理规定》	从企业设计开发能力、生产能力、产品生产一致性保证能力、售后服务及产品安全保障能力等方面提高了准入门槛，并强化了安全监管要求
《促进汽车动力电池产业发展行动方案》	到2020年，新型锂离子动力电池单体比能量超过300瓦时/千克；系统比能量力争达到260瓦时/千克、成本降至1元/瓦时以下，使用环境达－30℃到55℃，可具备3C充电能力。到2025年，新体系动力电池技术取得突破性进展，单体比能量达500瓦时/千克。 到2020年，动力电池行业总产能超过1000亿瓦时，形成产销规模在400亿瓦时以上、具有国际竞争力的龙头企业。 到2020年，正负极、隔膜、电解液等关键材料及零部件达到国际一流水平，上游产业链实现均衡协调发展，形成具有核心竞争力的创新型骨干企业。 到2020年，动力电池研发制造、测试验证、回收利用等装备实现自动化、智能化发展，生产效率和质量控制水平显著提高，制造成本大幅降低
《企业投资项目核准和备案管理办法》	包含了项目核准的申请文件、基本程序、审查及效力，项目备案、监督管理、法律责任等方面的内容

① 资料来源：中国汽车工业协会。

续表

政策名称	政策内容
《外商投资产业指导目录（2017年修订)》	在汽车整车、专用汽车制造方面，中方股比不低于50%，同一家外商可在国内建立两家及两家以下生产同类（乘用车类、商用车类）整车产品的合资企业，如与中方合资伙伴联合兼并国内其他汽车生产企业以及建立生产纯电动汽车整车产品的合资企业可不受两家的限制
《汽车销售管理办法》	国家鼓励发展共享型、节约型、社会化的汽车销售和售后服务网络，加快城乡一体的汽车销售和售后服务网络建设，加强新能源汽车销售和售后服务网络建设，推动汽车流通模式创新
《国家车联网产业标准体系建设指南》	到2020年，初步建立能够支撑驾驶辅助及低级别自动驾驶的智能网联汽车标准体系；到2025年，系统形成能够支撑高级别自动驾驶的智能网联汽车标准体系
《智能汽车关键技术产业化实施方案》	国家智能汽车创新发展平台基本建成并投入实质性运作，智能汽车自主可控的产业体系初步形成。智能汽车基础技术能力稳步提升，核心软硬件系统逐步突破，满足智能汽车综合测试评价需要的测试基地基本建成，重点区域示范运行取得积极成效。车用动力电池单体能量密度达到300瓦时/千克，电池系统安全性、可靠性等性能指标达到国际先进水平，高度集成式纯电直驱动力系统实现产业化，更好满足智能汽车运行需求
《关于促进小微型客车租赁健康发展的指导意见》	鼓励使用新能源车辆开展分时租赁，并按照新能源汽车发展有关政策在充电基础设施布局和建设方面给予扶持

资料来源：新能源汽车网。

二、重要数据

表4-4　装备制造业分行业企业R&D人员、经费支出、企业办研发机构情况

行业	企业R&D人员（人）	经费支出（万元）		企业办研发机构（个）
		内部支出	外部支出	
通用设备制造业	2914511	6657263	305643	6557
专用设备制造业	251109	5771278	107341	5526
汽车制造业	313965	10487371	1012779	3381
铁路、船舶、航空航天和其他运输设备制造业	143759	4596331	696600	1339
电气机械和器材制造业	400791	11023817	370783	8238
仪器仪表制造业	94009	1857045	85544	1928

资料来源：《2017年中国科技统计年鉴》。

表 4－5 装备制造业分行业工业企业新产品开发、生产及销售情况

行业	新产品开发项目数（项）	新产品销售收入（万元）	新产品出口收入（万元）
通用设备制造业	37274	89485475	12212340
专用设备制造业	31838	64300459	8290407
汽车制造业	29409	254775542	8960873
铁路、船舶、航空航天和其他运输设备制造业	10561	64443442	14994186
电气机械和器材制造业	47952	194090806	35036892
仪器仪表制造业	13037	21426113	2670016

资料来源：《2017 年中国科技统计年鉴》。

表 4－6 装备制造业分行业工业企业专利情况

行业	专利申请数（件）	有效发明专利数（件）
通用设备制造业	60198	55508
专用设备制造业	57906	67173
汽车制造业	53133	34481
铁路、船舶、航空航天和其他运输设备制造业	24414	21990
电气机械和器材制造业	113140	85028
仪器仪表制造业	20219	20137

资料来源：《2017 年中国科技统计年鉴》。

第二节 主要问题

一、整体技术水平仍不足

目前，我国多数装备制造企业受限于资金、人才和技术等因素，技术

研发水平比较薄弱，部分关键核心部件仍主要依赖进口，对外依存度较高。如机器人领域，我国已基本掌握机器人本体设计制造、控制系统、运动规划等工业机器人技术，但是，在精密减速器、伺服电机、控制器等机器人关键核心零部件上与国外存在较大技术差距。同时，工业机器人领域以中低端产品为主，主要是搬运和上下料机器人，大多为三轴和四轴机器人，应用于汽车制造、焊接等高端行业领域的六轴或以上高端工业机器人市场主要被机器人“四大家族”（瑞士 ABB、德国 KUKA、日本 FUNAC、日本安川电机）占据，国产六轴等高端工业机器人占全国工业机器人新装机量不足 10%。

二、新型创新载体建设不足

自 20 世纪 80 年代开始，我国建设了一大批装备领域创新载体，如科技部牵头建设了国家重点实验室、国家工程技术研究中心，发展和改革委员会牵头建设了国家工程实验室、国家工程研究中心和国家认定企业技术中心等创新载体。这些创新载体为推动我国装备工业的科技创新和产业创新发挥了重要作用。但同时，这些已建成的创新载体基本上处在“技术产生—扩散—首次商业化—产业化”链条上的不同位置，彼此相对独立，而且这些创新载体多为事业单位或依托高校、科研院所或国有企业而建，创新力量比较分散，资金、设备等创新资源配置的重复浪费现象严重，创新过程中的“孤岛现象”十分普遍，难以适应网络化协同创新的新趋势和新要求。

三、产业链协同创新能力不足

装备工业科技创新对产业的支撑不足，产业协同创新能力不足，产学研用脱节，科技成果转化率较低的问题依然存在。如动力电池领域产业协同创新机制尚未建立，企业、科研院所等创新主体仍各自为战。一方面，动力电池领域的创新资源分散在相关企业、科研单位、高校等部门，未能形成有效的协同创新合力；另一方面，我国动力电池产业链上下游领域协同创新不足，在动力电池正负极材料、隔膜等关键材料研发、动力电池生产、整车制造、充电桩等配套设施搭建等相关领域未形成有效协同，在产品技术路线、产品标准、质量体系、电池回收等一系列相关领域缺乏研究合作。

第三节 对策建议

一、加快自主创新，提升产业核心竞争力

一是坚持创新驱动发展，按照国家部署，继续深入实施制造业创新中心建设工程、智能制造工程、高端装备创新工程、工业强基工程、绿色制造工程等“中国制造 2025”五大工程，加快装备制造业发展步伐；二是加强建设一批制造业协同创新的公共服务平台、制造业工程数据中心、大型科学仪器设备共享平台和制造业金融服务平台等制造业创新服务平台，增强制造业创新支撑能力；三是创新产融结合方式，引入多元化投资机制，发挥金融资本和产业资本助推器作用。

二、加快建设制造业创新中心，补全产业创新链条

针对制造业创新体系中存在的基础研究与产业化之间脱节的问题，充分整合已有创新资源，围绕燃气轮机、高档数控机床、机器人、深远海海洋工程装备等重点领域重大需求，创建一批制造业创新中心，重塑制造业创新体系。创新中心依托由企业、科研院所、高校组建的产学研协同创新共同体，突出企业的主体作用。同时，依托制造业基础雄厚、研发创新实力强的省市探索创建一批区域级制造业创新中心，形成多层次、网络化制造业创新体系。创新中心要探索市场化运行机制实现自我可持续发展，同时充分发挥溢出效应，优化制造业创新生态环境。

三、推动智能制造纵深发展，加快制造业高质量发展

一是继续深入实施智能制造工程，推进企业、高校、科研院所、金融机构协同创新，突破高档数控机床、工业机器人、增材制造装备等关键技术装

备；二是持续推进智能制造试点示范，通过在全国开展智能制造试点示范项目，探索人工智能等新技术在智能制造新模式中的应用，形成先进的示范模式，在全国推广；三是积极培育智能制造生态体系，逐步完善健全智能制造标准体系，加快提升核心工业软件、工业互联网平台和系统解决方案供给能力。

第五章　原材料行业

原材料行业是国民经济各产业的基础，材料的发展水平直接影响我国整体科技发展。特别是新材料产业，对于突破产业瓶颈制约、推进“两国建设”，化解我国某些关键领域的受制于人、推进国防军工建设等，具有重要战略意义。改革开放近四十年来，我国原材料行业已经取得长足进步，特别是在规模上，已经多年位于世界第一。在技术创新上，我国原材料行业多项技术已是世界先进水平。2017 年，原材料行业贯彻落实供给侧结构性改革，努力完成了“三去一降一补”，取得较大的成绩。钢铁、有色等产业回暖明显，企业盈利从开始回暖到逐步可观。可以说，2017 年对原材料行业来说，是丰收的一年，无论是盈利还是提质增效、转型升级、技术创新方面，均取得较大进步。

第一节　总体情况

一、重点领域技术发展、创新及产业化情况

（一）钢铁行业

钢铁工业一直是我国支柱产业之一，与国防、民生各领域都息息相关，涉及上游矿石开采，中游冶炼，下游房地产、制造业、国防等各个领域。自新中国成立以来，我国钢铁产量经历了迅猛增长，目前已常年占据全球第一大钢铁生产国的位置。从国家提出供给侧结构性改革以来，钢铁行业积极响应，特别是在淘汰落后产能上取得了优异的成绩。2017 年，各地方、各企业均大力推进供给侧结构性改革，坚持去产能、去库存、去杠杆，取缔地条钢、

释放优质产能，在不到2年的时间内，压缩了钢铁产能上亿吨。今年，我国钢铁行业在去年开始扭亏的情况下全面复苏，钢材价格稳步回升，钢企的盈利水平显著提升。今年钢铁行业的关键词有：地条钢取缔，产能置换，生产消费实现双增长，钢材价格震荡上行，企业盈利水平大幅增长，采暖季限产，出口下降。2017年，全国粗钢产量83173万吨，比上年增长5.7%，增速比上年提高4.5个百分点；钢材产量104818万吨，增长0.8%，回落1.5个百分点。铁合金产量3289万吨，增长0.5%，上年为下降2.8%。钢材出口7543万吨，下降30.5%；进口1330万吨，增长0.6%。铁矿砂进口107474万吨，增长5%。焦炭出口809万吨，下降20%①。

1. 技术创新情况

中国宝武钢铁集团有限公司（以下简称中国宝武）是世界一流的钢铁集团。2017年，中国宝武技术创新能力进一步提升，在核心技术研发、重大专利形成和突破等方面取得了重要进展。经过集团技术创新委员会审定及专家评审和推荐，中国宝武总结出今年36项重大科技成果。其中，特等奖是汽车轻量化用冷轧超高强钢的开发、应用与示范；一等奖是管件液压成形产品、工艺和模具技术研究，全量钢渣清洁处理成套技术开发与应用，多业态集团型企业资金集中管理系统开发与应用，高等级厚板钢在线组织性能控制平台技术突破与应用，宝钢大气污染特征及综合治理技术的系统研究与应用；二等奖是冷热轧工序联动的同板差综合控制系统开发与应用，超高强度高韧性套管产品开发、高效、节能、环保、自动化示范性焦炉研究与应用等10项；三等奖是热连轧超快冷技术开发及应用，汽车用高等级表面不锈钢产品开发与应用，2050高效热轧粗轧高效扎制工艺研究等19项成果；工人奖是轧钢大电机集电滑环变频驱动在线车削技术。

其他方面，2017年，钢铁领域共荣获了3项国家科技进步奖。分别是，由东北大学、鞍钢股份有限公司、首钢总公司（首钢集团有限公司）、南京钢铁股份有限公司、湖南华菱涟源钢铁有限公司、福建省三钢（集团）有限责任公司、新余钢铁股份有限公司联合研究完成的“热轧板带钢新一代控轧控

① 2017年钢铁行业运行情况，发展改革委网站，http：//www.ndrc.gov.cn/fzgggz/jjyx/gjyx/201801/t20180131_876090.html。

冷技术及应用”荣获国家科技进步二等奖，该项目以超快冷却为核心，使得钢材具有高强度和高韧性，能满足桥梁的抗震和抗应变设计，又具有良好的焊接性能，是新一代的高性能桥梁钢材料。由中冶长天国际工程有限责任公司、宝山钢铁股份有限公司、中南大学、内蒙古包钢稀土钢板材有限责任公司联合攻关的“高效节能环保烧结技术及装备的研发与应用”荣获国家科技进步二等奖。由太原钢铁（集团）有限公司、长沙矿冶研究院有限责任公司、中冶北方（大连）工程技术有限公司、中钢集团马鞍山矿山研究院有限公司、武汉理工大学联合完成的“超大规模微细粒复杂难选红磁混合铁矿选矿技术开发及工业化应用”荣获国家科技进步二等奖，该项目针对微细粒红磁混合铁矿的选矿技术及装备集成，在原始创新上取得了重大突破，解决了微细粒磨矿、分级、选别、浓缩等一系列工业应用难题。

2. 全国钢铁行业政策发布情况

2017 年，围绕国家关于供给侧结构性改革的要求，针对钢铁行业，国家各部委和地方政府均出台了一系列政策，具体见表 5－1。

表 5－1　2017 年我国发布的主要钢铁行业相关政策

政策名称	文件发布日期	发布单位
《关于运用价格手段促进钢铁行业供给侧结构性改革有关事项的通知》	2017 年 1 月 4 日	国家发展改革委、工业和信息化部
《新材料产业发展指南》	2017 年 1 月 23 日	工业和信息化部、国家发展改革委、科技部、财政部
《关于进一步落实有保有压政策促进钢材市场平衡运行的通知》	2017 年 1 月 24 日	国家发展改革委、工业和信息化部等五部门
《钢铁企业节能设计标准（征求意见稿）》	2017 年 2 月 24 日	住房城乡建设部、国家质量监督检验检疫总局
《加强生产许可证管理淘汰“地条钢”落后产能加快推动钢铁行业化解过剩产能工作的通知》	2017 年 4 月 27 日	国家质量监督检验检疫总局
《2017 年钢铁去产能实施方案》	2017 年 5 月 12 日	国家发展改革委
《关于开展钢铁产品生产许可证获证企业产品质量监督检验的通知》	2017 年 7 月 19 日	国家质量监督检验检疫总局

资料来源：赛迪智库整理，2017 年 12 月。

（二）有色金属行业

有色金属产业一直是我国的主导传统产业之一。目前，在规模上，我国有色金属产业已经是连续多年位居世界第一。例如，铜、原铝、铅、锌等十种有色金属产量已连续十年位居世界第一。2017 年，全国十种有色金属产量 5378 万吨，比上年增长 3%，增速比上年提高 0.5 个百分点。其中，铜产量 889 万吨，增长 7.7%，提高 1.7 个百分点；电解铝产量 3227 万吨，增长 1.6%，提高 0.3 个百分点；铅产量 472 万吨，增长 9.7%，提高 4 个百分点；锌产量 622 万吨，下降 0.7%，上年为增长 2%。氧化铝产量 6902 万吨，增长 7.9%，增速比上年提高 4.5 个百分点①。但是，我国在技术创新、绿色发展等方面，仍与世界发达国家有一定差距。2017 年是有色金属行业贯彻落实供给侧改革的关键之年，不仅在去产能、优化结构、改善盈利上取得优异成绩，在技术创新上也有所突破。2017 年上半年，国内主要有色金属价格同比大幅回升，有色金属行业效益有所改善。上半年全行业主营业务收入 32011 亿元、利润 1283 亿元，同比增长 17.1%、50.8%，其中采选、冶炼、加工利润分别为 301 亿元、403 亿元、579 亿元，同比分别增加 93 亿元、234 亿元、105 亿元。亏损企业 1558 家，同比下降 13.3%，亏损总额 131 亿元，同比下降 36.7%。

1. 技术创新情况

2017 年，有色金属领域共有 4 项技术荣获了国家科技发明奖。一是“高强高导铜合金关键制备加工技术开发及应用”荣获国家科技进步二等奖，它由河南科技大学、中南大学、北京有色金属研究总院、中铝洛阳铜业有限公司、西安西电开关电气有限公司、上海理工大学、广东省材料与加工研究所联合攻关，成果突破了超/特高压电器用的高强高导铜合金国外垄断。

二是“球形金属粉末雾化制备技术及产业化”荣获国家科技进步二等奖，它由北京有色金属研究总院、北京康普锡威科技有限公司联合完成，突破了金属粉末雾化的重大技术难题，打破国外垄断，产生了巨大经济效益。

三是“高铝粉煤灰提取氧化铝多联产技术开发与产业示范”荣获国家科

① 2017 年有色金属行业运行情况，发展改革委网站，http：//www.ndrc.gov.cn/fzgggz/jjyx/gjyx/201801/t20180131_876110.html。

技进步二等奖，它由内蒙古大唐国际再生资源开发有限公司、大唐国际发电股份有限公司联合完成，主要针对我国燃煤发电产生的粉煤灰资源化利用和环境影响问题。

四是“高效节能环保烧结技术及装备的研发与应用”荣获国家科技进步二等奖，它由中冶长天国际工程有限责任公司、宝山钢铁股份有限公司、中南大学、内蒙古包钢稀土钢板材有限责任公司联合完成，解决了行业的共性问题，是我国烧结技术及装备的历史性突破。

2. 全国有色金属行业政策发布情况

2017 年，工业和信息化部围绕供给侧结构性改革，针对有色金属行业出台了一系列文件。一是为进一步推动电解铝产能置换工作，本着企业为主体，政府做好事中事后监督服务的原则，在《工业和信息化部关于印发部分产能严重过剩行业产能置换实施办法的通知》（工信部产业〔2015〕127 号）的基础上，对企业集团（同一实际控制人，下同）内部电解铝产能等量或减量置换工作程序进行简化，出台了《关于企业集团内部电解铝产能跨省置换工作的通知》；二是研究确定了 2017 年钨生产总量控制指标，发布了《关于下达 2017 年钨生产总量控制指标的通知》；三是研究确定了 2017 年第一批稀土生产总量控制计划，发布了《关于下达 2017 年第一批稀土生产总量控制计划的通知》。

（三）石化行业

2017 年是石化行业开启重大改革的一年，油气改革、供给侧改革、绿色发展、“十三五”目标规划等是这一年的关键词。国家出台了《关于深化石油天然气体制改革的若干意见》《能源发展“十三五”规划》《石油发展“十三五”规划》《天然气发展“十三五”规划》《中长期油气管网规划》，为石化行业发展指明方向。石油产量方面，据美国能源信息管理会（EIA）的数据显示，2017 年美国石油产量为每日 1500 万桶，是全球最大的石油生产国，而中国则紧随沙特阿拉伯、俄罗斯、加拿大，位列第 5 名。石油价格方面，2017 年，全球石油价格仍然上涨，涨幅为 11%。石油价格上涨主要因为需求提高，而亚洲尤其是中国是全球最大的石油消费国之一。化工行业产量方面，主要产品中，乙烯、合成纤维、塑料、电石、农药、化肥等产量有明显增高；合成烧碱、橡胶、纯碱产量有显著下滑。化工行业价格方面，2017 年，化工行业价格整体呈现“V”字形走势的上升形态，1—5 月价格回调，6 月开始随着环保督察和原材料溢价，价格一路上升。其中，双氧水、环氧氯丙烷、氢氟酸、氯乙酸及煤焦油产品等价格涨幅分别为 154.7%、104.1%、83.6%、64.8%和 61.3%，而顺丁橡胶及丁苯橡胶价格分别下跌 41.0%和 32.8%。

1. 重要产品、工艺技术创新

2017 年 1 月 9 日，上海化工研究院与史丹利农业集团股份有限公司合作研发的“基于高塔熔体造粒关键技术的生产体系构建与新型肥料产品创制”项目获国家技术发明奖二等奖。该技术整体达到国际领先水平。截至 2017 年 9 月 13 日，航天长征化学工程股份有限公司设计制造的航天炉在新疆玛纳斯项目连运 407 天，创下气流床气化技术连运世界纪录。11 月 14 日，由清华大学山西清洁能源研究院、北京清创晋华科技有限公司、山西阳煤化工机械集团和阳煤丰喜肥业集团共同开发的水煤浆水冷壁废锅气化炉通过连续稳定现场考核，12 月 25 日经中国石化联合会鉴定为国际领先水平。2017 年 10 月 15 日，由中国工程院院士袁隆平团队与河北硅谷农科院、河北硅谷肥业有限公司合作开展的高产攻关项目，在河北硅谷农科院超级杂交水稻百亩示范田再创世界纪录：亩产达到 1149.02 千克。为该项目配套研发的河北硅谷有机硅水溶缓释肥得到了袁隆平等专家的赞誉。12 月 5 日，“万吨级氢化苯乙烯/异戊二烯共聚物成套技术开发”项目通过技术鉴定，该项目技术与产品水平达到国际先进，弥补国内空白。

2. 油气改革步入新轨道

2017 年 5 月 21 日，我国发布了《关于深化石油天然气体制改革的若干意见》，把深化石油天然气体制改革放到全国战略高度，明确了改革的指导思想、基本原则、总体思路和主要任务。11 月 7 日，中国石油集团电能有限公司正式组建。2017 年 3 月 9 日，《大庆油田电力集团深化改革升级发展框架方案》获得中国石油批准，8 月 29 日，中国石油下发《关于设立中国石油集团电能有限公司的批复》。2017 年 12 月 8 日，中国石油天然气集团启动的东西部油田矿权内部流转基本完成，油气勘查体制机制改革继续推进。12 月 26 日，中国石油集团在北京与 10 家企业签署交接协议，进行工程技术业务改革重组，圆满完成了物探、测井、油建业务交接，标志着集团公司工程技术业务改革重组迈出重要一步。

3. 海外合作进程持续加快

2017 年 4 月 10 日，中缅签署了《中缅原油管道运输协议》，当天运载 14 万吨原油的“联合动力号”游轮成功靠泊中缅原油管道的起点并开始卸油。9 月 8 日，中国华信能源有限公司收购该联合体所持的俄罗斯石油公司 14.16% 的股份，成为俄罗斯石油公司第三大股东，并获得每年 4200 万吨和总量为 26.7 亿吨油气储量的石油权益，跻身世界最大的石油公司之列。10 月 29 日，中国和孟加拉国签署框架协议，中方将为孟方建设输油管道项目并提供融资。11 月 8—10 日，美国总统特朗普访华期间，中美两国能源化工企业共签署总额达 1637 亿美元的能源化工合作项目，这也是世界历史上最大的能源合同。

（四）建材行业

2017 年，我国建筑业发展的整体基调仍然是由“粗放型发展”向“精细化发展”转型。受 2016 年我国房地产市场爆发影响，2017 年，我国新建期房增量巨大，带动了当年建材行业市场增长。2017 年，我国建筑业总产值达 21.4 万亿元，同比增长 10.5%；建筑业房屋施工面积为 131.7 亿平方米，同比增长 4.2%。2017 年上半年，我国水泥产量达 11.1 亿吨，同比增长 0.4%；平板玻璃产量达 4.1 亿重量箱，同比增长 5.8%。中空玻璃、夹层玻璃、瓷质砖、卫生陶瓷制品等其他产品的产量实现快速增长。2017 年上半年，建材行业的出厂价平均值同比上涨 6.0%。其中，2017 年 6 月份我国水泥的出厂价平均值为 321 元/吨，同比上涨 25.5%；平板玻璃的出厂价平均值为 70.8 元/重量箱，同比上涨 12%。

1. 重要产品、工艺技术创新

2017 年 10 月，中国建筑协会材料分会向荣获“全国建筑材料科技创新成果”的 42 个单位、46 个项目及 86 位研发人颁发了奖牌和证书。北京特普丽装饰装帧材料有限公司的“一种防污抗菌壁纸及其产业化”、中标建设集团股份有限公司的“多用途明框、隐框组合玻璃幕墙系统”、北京龙阳伟业科技股份有限公司的建筑地下防水“新型商业模式”、河北晨阳工贸集团有限公司的“水性建筑用反射隔热涂料研究与应用”、广东耀东华装饰材料科技有限公司的“红棉花内置导体饰面人造板”等技术成果获奖。

2. 装配式建筑成为行业新方向

2017年2月，国务院办公厅发布了《关于促进建筑业持续健康发展的意见》（国办发〔2017〕19号），首次在国务院层面提出大力发展装配式建筑，并提出推广智能和装配式建筑。2017年3月，住房和城乡建设部发布了《建筑业发展“十三五”规划》（建市〔2017〕98号），明确提出到2020年，我国装配式建筑面积占新建建筑面积比例达到15%的目标，并细化了推广智能和装配式建筑的具体任务。2017年4月，住房和城乡建设部印发《“十三五”装配式建筑行动方案》，进一步细化目标，提出到2020年，我国装配式建筑占新建建筑的比例达到15%以上，在重点推进地区目标为20%，积极推进地区目标为15%，鼓励推进地区目标为10%，并提出编制发展规划、健全标准体系、完善技术体系等十项具体任务。2017年12月，住房和城乡建设部印发国家标准《装配式建筑评价标准》（GB/T 51129－2017），对装配式建筑的术语以及应满足的要求、适用评价范围、装配率计算、评价等级划分等做出了非常明确的规定。

表5－2　2016年我国发布的主要建材行业相关政策

政策名称	文件发布日期	发布单位
《“十三五”装配式建筑行动方案》	2017年3月23日	住房和城乡建设部
《装配式建筑评价标准》	2017年12月12日	住房和城乡建设部
《关于加快烧结砖瓦行业转型发展的若干意见》	2017年11月20日	工业和信息化部、环境保护部、国家安全监管总局
《关于推动绿色建材产品标准、认证、标识工作的指导意见》	2017年12月28日	国家质量监督检验检疫总局、住房和城乡建设部、工业和信息化部、国家认证认可监督管理委员会、国家标准化管理委员会
《水泥玻璃行业产能置换实施办法》	2018年1月8日	工业和信息化部
《新型墙材推广应用行动方案》	2017年2月6日	国家发展改革委、工业和信息化部

资料来源：赛迪智库整理，2017年12月。

二、重要数据

表5-3　2016年原材料分行业企业R&D人员、经费支出、企业办研发机构情况

行业	企业R&D人员（人）	经费支出（万元）		企业办研发机构（个）
		内部支出	外部支出	
石油加工、炼焦和核燃料加工业	21813	1196271	67672	311
化学原料和化学制品制造业	261703	8407489	228309	6347
黑色金属冶炼和压延加工业	129726	5377121	99475	1268
有色金属冶炼和压延加工业	97912	4068224	63948	1516

资料来源：《中国科技统计年鉴2017》。

表5-4　2016年原材料制造业分行业工业企业新产品开发、生产及销售情况

行业	新产品开发项目数（项）	新产品销售收入（万元）	新产品出口收入（万元）
石油加工、炼焦和核燃料加工业	1670	26737036	89506
化学原料和化学制品制造业	28763	117622696	11826738
黑色金属冶炼和压延加工业	8349	71200326	8321578
有色金属矿采选业	7751	69760133	4042203

资料来源：《中国科技统计年鉴2017》。

表5-5　2016年原材料制造业分行业工业企业自主知识产权及修改情况

行业	专利申请数（件）	有效发明专利数（件）
石油加工、炼焦和核燃料加工业	1805	3061
化学原料和化学制品制造业	34739	48805
黑色金属冶炼和压延加工业	13262	15661
有色金属矿采选业	11173	13527

资料来源：《中国科技统计年鉴2017》。

第二节 主要问题

一、产能过剩情况仍然存在

2017 年，经过了一年的集中去产能，钢铁、有色、水泥等原材料行业产能情况明显取得好转，但仍然存在产能过剩的情况。当前，全国钢铁产能利用率约为 80%，精炼铜产能利用率约为 80%，电解铝产能利用率约为 75%，水泥产能利用率为 62.74%，熟料产能利用率为 68%。随着我国基础建设放缓，房地产等固定投资降速，新能源汽车等清洁能源利用方式的推广，未来对原材料行业的需求将进一步下降，因此，未来一段时间，原材料行业的去产能、调结构仍然是长期的主调。

二、产业创新技术供给不足

2017 年，我国原材料行业仍然普遍存在产业创新技术供给不足的问题，核心技术受制于人、科技创新能力弱，直接导致行业产品结构不合理，中低端产品产能过剩、占比较高，平均利润较其他工业行业有所差距。行业发展主要依靠要素投入、以投资为拉动的粗放型发展模式，而不是以创新为驱动的集约型发展模式。我国拥有近千家钢铁企业作为创新的主体，但整体研发能力较弱；我国从事冶金相关基础研究和教学的大学主要有北京科技大学、东北大学、重庆大学、安徽工业大学、河北理工大学、武汉科技大学、上海大学等，但研究与产业结合不紧密。目前，我国原材料行业未形成具有竞争优势的产业自主主导技术范式，主要依靠“引进—模仿—再引进—再模仿”技术路径。

三、协同创新载体缺失

一直以来，我国多数产业普遍存在科技与经济的“两张皮”现象，原材料领域产业协同创新机制尚未建立，企业、科研院所等创新主体仍各自为战。

一是原材料领域的创新资源分散在相关企业、科研单位、行业协会等部门，产学研合作效果不明显，未能形成有效的协同创新合力；二是本土同类原材料企业之间恶性竞争严重，研发生产均属于闭门造车，同一技术重复研究，既浪费大量的研发时间和研发经费，又未形成有序、细化、科学的创新链、产业链；三是我国原材料产业链上下游领域协同创新不足，在原材料冶炼、加工、设备制造和下游行业应用等相关领域未形成有效协同，在关键核心零部件研发、产品技术路线、产品标准、质量体系等一系列相关领域缺乏统一的研究合作。

第三节 对策建议

一、提升产品质量，创新支撑品牌发展

一是从产品角度，注重全方位、由内向外、从上至下的质量管理。原材料相关企业应该以产品质量为核心，从生产流程出发，进行全套产品生产的协调和监督，建立科学严谨的质量控制体系，进行全面的质量管理。同时，对产品的采购、销售进行质量相关控制，建立完善的产品采购和销售监督体系。完善企业质量管理体系，加强各类国际质量管理体系认证。

二是从人员角度，注重分层次，科学管理。科学管理和监督企业参与人员，从设计研发、生产、销售、运输物流等环节对参与人员进行培训管理。科学制定管理人员、技术人员、工艺人员、工人等不同层次人员进行质量管理。

三是从创新角度，注重产品创新、工艺创新、模式创新。没有哪个产品是经久不衰的，创新必须是随着企业的发展贯穿其中。企业需要将创新作为一项系统工程来抓，不仅仅局限于单项创新，而应包含全过程的全面协同创新，从技术研发到商业化全过程，加强技术创新、管理创新、模式创新、理念创新、人才创新等。

二、加快推进智能制造，提升企业智能化水平

一是围绕钢铁、有色、玻璃等原材料产业重点领域，推进智能化、数字

化技术、人工智能、虚拟现实/增强现实等技术，在企业的全生命生产周期内的应用。如在研发设计、生产制造、物流仓储、经营管理、售后服务等关键环节，提升智能化水平。

二是推动智能制造关键技术装备的应用。推动工业机器人、高档数控机床、3D打印装备、智能专用装备等智能制造关键技术装备在原材料产业的应用，加强智能制造解决方案的系统集成应用能力。

三是加快智能制造新模式应用。在石油化工、钢铁、有色等行业，加快推广流程型智能制造新模式应用，提升企业的供应链管理能力，提高流程制造智能化程度。

四是推进智能工厂/车间建设。加快引导企业建设智能车间、智能工厂，开展相关试点示范工作。为不同原材料行业，提供产业集成方案，形成一批智能工厂/车间的示范项目，并加以推广。

三、加快企业兼并重组，促进产业结构调整

一是加强区域原材料企业兼并重组。在钢铁、有色、石化等原材料领域，关停一批落后产能企业，利用优势互补，引导在同一区域内的企业进行兼并重组。力争减少同业竞争，形成几大区域原材料企业。

二是加快企业转型升级。面对2017年原材料行业的景气回升，引导企业加快转型步伐，趁势压缩产能，淘汰落后产业，升级产品，加大科技创新投入，加强技术积累；利用国家“一带一路”战略，加快走出去和引进来步伐，引进国际先进技术，促进自身技术升级、转型，加强国内成熟产品国际化进程，从而化解自身产能过剩问题；同时，积极拓展主业，大力发展先进制造业以及战略性新兴产业，向多业并举迈进。

三是坚持创新驱动发展战略。以创新促进企业产品的结构调整、企业整体的调整。大力发展以企业为主体、政府为引导的产学研创新模式。加快推进原材料领域的创新中心建设，联合重点企业、优势高校、产业联盟、中介服务机构等，加强原材料领域共性关键技术突破。

第六章　消费品行业

2017年，消费依然是我国经济增长的主要动力，加之处于新一轮科技革命和《中国制造2025》政策落实的大环境下，我国消费品行业创新驱动和技术升级步伐不断加快，在纺织工业、轻工业、食品工业及医药工业等相关领域的自主创新成果十分突出。消费品工业三品战略得到进一步推动和落实，各行业竞争力得到不同程度的提升。中国纺织工业数字化、智能化改造和新材料技术攻关取得进一步突破，大白电、生活家电以及厨房家电等家用电器产品不断创新，科技在食品生产、零售环境中起到越来越重要的作用。我们通过深入研究，深刻认识到我国消费品行业发展仍存在库存压力和企业经营压力大、高品质产品有效供给不足、新业态新模式发展支撑环境不完善等诸多问题，这在一定程度上制约了我国从消费品大国转变为消费品强国的步伐。因此，必须从质量强国时代的大背景出发，以企业为主体，调整供给机构，提高有效供给水平，以新模式、新业态发展适应质量新时代。

第一节　总体情况

一、重点领域技术发展、创新及产业化情况

2017年，我国消费品工业生产运行总体平稳。2017年1—12月，消费品工业增加值同比增长7.6%，高于全部工业1个百分点。其中，轻工（不含食品）、纺织、食品、医药和烟草等行业分别增长8.4%、4.8%、7.9%、12.1%和3.5%。消费品工业增加值占全部工业的31.3%。重点行业产销率较高。皮革毛皮、羽毛及其制品和制鞋业97.9%，家具制造业98.2%，造纸及

纸制品业97.7%，体育和娱乐用品制造业97.9%，农副食品加工业98%，食品制造业97.6%，酒和饮料行业96.8%，纺织业98.7%，服装制造业97.7%，化学纤维制造业97.3%，医药制造业95.6%。消费品工业出口交货值同比增长6.1%，增幅低于全部工业4.6个百分点。其中，轻工（不含食品）、纺织、食品、医药和烟草同比分别增长7.0%、2.3%、6.7%、10.9%和-3.7%。消费品工业出口交货值占全部工业的30.5%。[①] 下面进一步分析消费品工业中纺织、家用电器、食品、医药四个子行业的工业科技创新情况。

（一）纺织工业

进入到2017年，伴随着美国退出TPP（Trans - Pacific Partnership Agreement，跨太平洋伙伴关系协定），中国纺织工业开始回温，纺织工业增加值增速逐渐趋稳，2017年全年达到4.8%。中国纺织工业发展基本从换挡期过渡到平滑期。其间，在内需平稳增长同时，外需市场也逐步回暖。从地区结构看，东部地区投资增速为8.7%，较上年加快4.5%，占全国投资增量的80.1%，由于东部新增产能较少，其较高的增速表明企业转型升级投入积极性高。2017年前11个月，中国纺织传统出口市场中的欧盟、美国以及日本市场均扭转上年负增长。[②]

1. 数字化、智能化改造进一步推进

尽管从行业整体上来看技术还相对落后，但已经有越来越多先进智能设备被研发和引进，国内纺织品行业在数字化、智能化的发展上相当迅速。红领集团的个性西服定制平台已经能够实现全流程的信息化、智能化，把互联网、物联网等信息技术融入到大批量生产中，在一条流水线上制造出灵活多变的个性化产品。泉州的海天材料科技股份有限公司打造"时尚梦工厂"，通过互联网技术对供应链各环节进行重新整合，建设智能工厂和智能终端，并改变传统纺织服装大规模长周期预生产的经营模式，打造适应小批量、多批次补货需求的敏捷制造、柔性制造能力，为消费者提供休闲运动服饰的

① 《2017年1—12月消费品工业运行总体情况》，2018年2月9日，http：//www.sohu.cm/a/221947740_170556。

② 《中国纺织工业增加值增速逐渐趋稳2017年全年达4.8%》，2018年1月23日，见http：//info.texnet.com.cn/detail-684806.html。

个性化定制服务。莆田鞋业协会的会长单位双驰企业与中国科学院共同成立虚拟现实技术与鞋业产业实验室，共同研发脚型扫描设备，构建“中国人脚型数据库”，目前双驰企业已成功建成多条柔性化生产线，并将旗下的鞋业品牌良鞋记改造为个性化门店工厂，最快仅需20分钟，顾客可以拿到私人定制鞋。①

2. 纺织新材料技术取得突破性进展

以大丝束碳纤维为代表的碳纤维技术取得突破。2017年12月20日，吉林化纤集团8000吨碳纤维大丝束碳化项目一期2000吨生产线试车成功，该条生产线是全球唯一的大丝束碳化生产线，装备水平、生产能力全球领先。该生产线拥有我国最大的碳纤维碳化能力，它的建成投产，填补了我国大丝束碳纤维生产的空白，也必将加速推进碳纤维制品在风电、汽车轻量化、压力容器、海洋工程等产业用领域的应用，标志着我国向大丝束碳纤维生产迈出了有力的一步。②

以半钢纤维网格为代表的高性能产业用新材料取得稳定应用。2017年4月20日，“天舟一号”货运飞船成功发射升空，在发射中，飞船使用了东华大学产业用纺织品教育部工程研究中心团队开发研制的“半刚性电池基板玻璃纤维网格”（简称“半刚玻纤网格”）材料，为“天舟一号”编织了提供能源动力的“玻璃翅膀”。半刚玻纤网格相关技术和成果在我国航天领域的应用服务已进入稳定期，高性能产业用新材料为我国航天事业作出了新的贡献。

（二）家用电器

2017年，家用电器销售额增速比上年加快，限额以上单位家用电器比上年增长了9.3%。③众多品牌在消费升级转型的关键节点上进行创新，大白电、生活家电以及厨房家电等都有了诸多“叫好叫座”的新产品。

---

① 《2017年中国纺织行业现状分析》，2018年1月16日，见http：//www.360doc.com/content/18/0116/10/52072329_722334928.shtml。

② 《2017年度盘点：东丽、康得新、中复神鹰高性能纤维行业10大重磅突破》，2018年1月10日，见http：//www.sohu.com/a/215726370_99918116。

③ 《五位专家解读2017年中国经济年报》，2018年1月19日，见http：//finance.sina.com.cn/roll/2018-01-19/doc-ifyquixe4290939.shtml。

1. 燃气灶技术取得再突破

2017 年 12 月，宁波方太厨具有限公司的“NSP 膜色谱双效净水技术”通过成果验收，该技术不仅能高效滤除有害重金属，同时可保留对人体健康有益的天然矿物质。同时，海尔集团发布世界首台可控温燃气灶，在炉头上增加智能感温探头，能实时检测锅底的温度，一旦发现锅底温度超过 298℃，会自动熄火保护；当灶具意外熄火和长时间大火不坐锅，燃气灶也能立即切断气源，避免意外发生。①

2. 激光电视技术不断创新

2017 年，海信集团发布全球首台双色激光电视，并率先在激光电视上普及 4K 技术。截至 2017 年 11 月底，以海信为核心的中国企业在激光电视上已经掌握核心技术，尤其是海信电视 100% 掌握激光光学引擎等核心部件自制技术，累计申请并拥有 412 项专利，并完成从 2K 到 4K、从单色到双色的持续技术领跑。②

3. “无风感”空调上市优化产品性能

2017 年，美的集团对空调技术研发和产品开发上进行大规模投入，2017 年 9 月份舒适星柜机进入市场。美的舒适星系列空调创新运用了“无风感”送风技术，利用空气动力学的“降速增压”原理，创造性地开发出“微孔导风”系统，让空调风感变得柔和细腻。其技术点在于柜机的 15 块导风板上独具的 2655 个微型圆孔将“无风感”缔造出了全新的分散式柔风，上市后产品受到市场追捧，改变了中国空调产业的产品变革多集中于面板和内部结构的改良的现状，这款产品的功能化创新意味着中国的空调技术研发平台基本建立起来。③

（三）食品

2017 年，我国食品行业经济总量持续壮大，经济效益平稳增长，继续保

① 《家用电器：燃气灶技术有较大突破》，2017 年 12 月 28 日，见 http：//www. cs. com. cn/gppd/hyyj/201712/t20171228_ 5644750. html。

② 《从开创者到引路人中国海信用激光电视突破世界》，2018 年 1 月 10 日，见 http：//laser. ofweek. com/2018 -01/ART -240001 -8140 -30188020. html。

③ 《2017 全面创新变革美的空调构建未来新起点》，2018 年 1 月 9 日，见 http：//www. abi. com. cn/news。

持我国现代工业体系中首位产业。工业和信息化部统计数据显示，2017 年 1—11月，全国规模以上食品工业企业（不含烟草）累计完成主营业务收入 97655.9 亿元，同比增长 6.8%；实现利润总额 6293.0 亿元，同比增长 9.0%。[①] 随着科技在食品生产、零售环境及消费者沟通方面发挥越来越重要的作用，2017 年仍是食品与零售行业创新的重要年份。

1. 纳米技术被应用于食品安全检验检测工作中，并取得相应专利

2017 年 12 月，江苏镇江出入境检验检疫局技术中心研究出一项新技术——一种 β－环糊精改性的金纳米粒子/硅胶手性固定相及其制备方法，该项技术主要针对手性化合物很难在常规液相色谱柱上完全分离的情况，将纳米材料引入到固定相中，分离效率显著提高，可以用于多种手性化合物的分离。目前，该项技术已经获得国家专利，并投入日常的检测使用，为进出口食品中违规使用的具有手性的非法添加物的检测提供了新手段。[②]

2. 食品机械创新取得多项突破

2017 年，我国食品机械行业在科技创新方面取得多项重大突破。“盘式脱粒机”取得国际发明奖项，过鼓风盘端面实现对谷物的“搓揉方式”作用，效率高、破碎率低，能够达到科研育种种子的形状完好和生理功能完好，进而节约成本和提高工作效率。中国农科院油料作物研究所设立扶植了浓香菜籽油产地绿色高效加工关头手艺和成套装备，提升了全程质量节制和主动化程度，使此项工艺达到国际领先水平。中国农业机械化科学研究院创新开发了多功能葡萄收获机、葡萄喷雾机共 7 种酿酒葡萄生产作业装备，不仅生产效率提高 10 倍，还填补了我国酿酒葡萄生产机械化装备的空白。[③]

3. 益生菌发酵技术首次引入果蔬食品加工领域

由南昌大学、江西江中制药（集团）有限责任公司等共同完成的“果

---

① 工信部数据：《2017 年 1～11 月食品工业运行情况》，2018 年 1 月 19 日，见 http://www.indunet.net.cn/staticpage/642/24091.html。

② 《这项技术获国家发明专利，有了它，进口食品中的非法添加一验便知》，2017 年 12 月 26 日，见 http://js.xhby.net/system/2017/12/26/030777495.shtml。

③ 《回顾 2017 年中国食品机械行业大走科技创新之路》，2017 年 12 月 29 日，见 http://www.mei.net.cn/spbz/201712/762676.html。

蔬益生菌发酵关键技术与产业化应用”，首次将益生菌发酵技术引入果蔬食品精深加工领域，创制了果蔬益生菌发酵上、中、下游全产业链关键技术创新体系，开发出的全新系列产品在全国19个省市71家企业得到推广应用，有力提升了我国果蔬食品的国际竞争力，推动了果蔬精深加工产业的科技进步①。

（四）医药工业

2017年，我国医药工业发展势头良好，1—9月，规模以上医药工业增加值同比增长11.60%，增速较上年同期提高1.2个百分点，高于全国工业整体增速4.90个百分点，位居工业全行业前列②。此外根据中国医药工业信息中心发布《2017年中国医药行业经济运行指数》显示，中国医药工业2017年主营业务收入预计超过3.3万亿元，增速将到达12.2%，实现工业利润总额指数增速略高于主营业务收入指数增速的发展态势。

医药工业的创新发展越来越紧迫，2017年6月，中国国家食品药品监督总局（CFDA）正式成为ICH（国际人用药品注册技术协调会）成员，意味着中国的药品监管体系已经真正融入国际社会认可的监管体系，10月，中共中央办公厅联合国务院办公厅印发《关于深化审评审批制度改革鼓励药品医疗器械创新的意见》，鼓励新药和创新医疗器械研发。

例如，过敏性哮喘治疗方法取得重要进展。目前，全世界约有一亿哮喘患者亟待有效的治疗。近年来，研究发现辅助性T细胞Th9及其分泌的IL－9在过敏性哮喘中发挥着非常重要的作用，有望给过敏性哮喘的治疗提供新的方法。该研究表明，磷酸酶1可能作为一个治疗过敏性哮喘或其他过敏性疾病的重要药物靶点，磷酸酶1抑制剂在治疗Th9介导的相关疾病中具有潜在的临床应用前景③。

---

① 《果蔬益生菌发酵关键技术实现多项重大突破》，2017年3月28日，见http：//www.xjxnw.gov.cn/c/2017－03－28/1153404.shtml。

② 《2017年1～9月医药工业主要经济指标完成情况》，2017年11月23日，见http：//www.miit.gov.cn/n1146312/n1146904/n1648366/n1648370/c5920776/content.html。

③ 《过敏性哮喘治疗方法取得重要进展》，2017年12月15日，见http：//www.most.gov.cn/gnwkjdt/201712/t20171214_136846.htm。

二、质量品牌建设情况

党的十九大报告指出，我国经济已由高速增长阶段转向高质量发展阶段，必须坚持质量第一、效益优先，提高供给体系质量，显著增强我国经济质量优势。尤其是关系国计民生的消费品行业，更是进入了质量品牌建设的关键时期。2017 年，也是落实《中国制造 2025》《国务院办公厅关于开展消费品工业“三品”专项行动营造良好市场环境的若干意见》等重大战略的关键之年。先后出台了《轻工业发展规划（2016—2020 年）》《“十三五”国家食品安全规划》《“十三五”国家药品安全规划》等，都特别强调了优化产品结构、提升产品品质、强化品牌建设等关系质量和品牌的重要内容。为全面贯彻中央经济工作会议精神，工业和信息化部制定了《2017 年消费品工业“三品”专项行动计划》，强调继续推进“增品种”、继续推进“提品质”、继续推进“创品牌”。同时，全社会对消费品行业的质量品牌建设也更加重视，关于消费品行业的质量与品牌建设的政策法规陆续出台。

（一）相关政策纷纷出台，质量品牌导向突出

在纺织工业方面，工业和信息化部和国家发展改革委于 2017 年 1 月联合印发《产业用纺织品行业“十三五”发展指导意见》（工信部联消费〔2016〕448 号）（以下简称《意见》），《意见》强调要加强质量标准建设，培育行业知名品牌，加强标准体系建设，建立包含国家标准、行业标准和团体标准的标准体系，并强调共同推进医疗卫生用纺织品、交通工具用纺织品等领域的跨行业综合标准化等。为更好地促进粘胶纤维产业结构调整和转型升级，实现可持续健康发展，工业和信息化部对《粘胶纤维行业准入条件》（工消费〔2010〕第 94 号）和《粘胶纤维生产企业准入公告管理暂行办法》（工信部消费〔2012〕39 号）进行了修订，形成《粘胶纤维行业规范条件（2017 版）》和《粘胶纤维行业规范条件公告管理暂行办法》，鼓励和支持粘胶纤维生产企业采用 ERP（Enterprise Resource Planning，企业资源计划）、DCS（Distributed Control System，分布式控制系统）、DMS（Database Management System，数据库管理系统）等信息技术系统，提升信息化水平，加强企业管理，降低生产成本，保障产品质量。

此外，为进一步规范印染行业管理，加快行业结构调整和转型升级，工业和信息化部对《印染行业准入条件（2010 年修订版）》（工消费〔2010〕第 93 号）和《印染企业准入公告管理暂行办法》（工信部消费〔2012〕第 40 号）进行了修订，形成了《印染行业规范条件（2017 版）》和《印染企业规范公告管理暂行办法》，提出了加强质量管理，强调印染企业要开发生产低消耗、低污染绿色产品，鼓励采用新技术、新工艺、新设备、新材料开发具有知识产权、高附加值的纺织产品。产品质量要符合国家或行业标准要求，产品合格率达到 95% 以上。

在轻工业方面，积极落实《轻工业发展规划（2016—2020 年）》提出以提高发展质量和效益为中心。为了促进轻工发展质量水平，积极贯彻落实《中国制造 2025》和国务院《计量发展规划（2013—2020 年）》对行业计量工作的要求，提升行业计量对产业发展的技术支撑和保障作用，2017 年中国轻工联合会下发了《中国轻工联合会关于印发 2017 年行业计量技术规范制修订计划的通知》（中轻联综合发〔2017〕第 239 号），面向工业、通信业开展计量技术规范制定工作，优先支持《中国制造 2025》重点领域。

在食品工业方面，为实施好食品安全战略，加强食品安全治理，根据《中华人民共和国国民经济和社会发展第十三个五年规划纲要》制定《“十三五”国家食品安全规划》，提出到 2020 年，食品安全治理能力、食品安全水平、食品产业发展水平和人民群众满意度明显提升的目标。此外，按照《国家食品安全示范城市评价与管理办法（暂行）》（食安办〔2016〕18 号）有关规定，经过三年的建设，经国务院食品安全委员会同意，将河北省石家庄市、唐山市、张家口市，山东省济南市、青岛市、潍坊市、烟台市、威海市，湖北省武汉市、襄阳市、宜昌市，陕西省西安市、宝鸡市、杨凌示范区、韩城市共 15 个城市命名为“国家食品安全示范城市”。为整体提升我国食品安全保障水平、推进健康中国建设、全面建成小康社会作出更大贡献。

在医药工业方面，为提高药品质量安全水平，根据《中华人民共和国国民经济和社会发展第十三个五年规划纲要》制定《“十三五”国家药品安全规划》，提出要以解决临床问题为导向，落实创新驱动发展战略，瞄准国际先进水平，破除制约创新发展的思想观念和制度藩篱，促进提升研发创新水平，推动企业强化质量安全控制，切实提升药品质量和疗效。国家食药监总局关于印发《食品药品安全监管信息公开管理办法的通知》（食药监法〔2017〕125 号），强调食品药品安全监管信息公开，保障公众的知情权、参与权、表达权和监督权，推进食品药品安全社会共治。

（二）质量监管力度加大，质量水平略有下降

党的十九大报告明确指出，我国将进入全新的质量时代，提资增效是提升中国工业核心竞争力的关键环节。尤其是消费品工业产品质量直接关系民生，更需要加大质量监管力度。2018 年 1 月，国家质量监督检验检疫总局公布《质检总局关于公布 2017 年国家监督抽查产品质量状况的公告》（2018 年第 8 号），将 2017 年组织开展的日用及纺织品、电子电器、轻工产品、农业生产资料、机械及安防、电工及材料、建筑和装饰装修材料、食品相关产品等 8 大类产品质量国家监督抽查数据进行公布。数据显示：全年共抽查 19124 家企业生产的 20192 批次产品，产品质量国家监督抽查合格率为 91.5%。从近 5 年的抽查情况看，产品抽查合格率分别为 88.9%、92.3%、91.1%、91.6%、91.5%，2017 年同比 2016 年下降了 0.1 个百分点①。

在消费品工业领域，日用及纺织品全年抽查了 20 种 2209 家企业生产的 2245 批次产品，抽查合格率为 85.6%，比 2016 年下降了 5.1 个百分点。其中童车、床上用品、针织内衣、休闲（运动）服装 4 种产品的抽查合格率在 90% 以上；玩具、皮凉鞋、羽绒服装、羊绒针织品、儿童及婴幼儿服装、女式内衣 6 种产品的抽查合格率为 80% ~90%；运动鞋、童鞋、机动车儿童乘员用约束系统（机动车儿童安全座椅）、休闲服装、背提包、旅行箱包、冲锋衣、轮滑鞋 8 种产品抽查合格率不到 80%。

在轻工产品领域，全年抽查了 19 种 2863 家企业生产的 2895 批次产品，抽查合格率为 91.8%，比 2016 年提高了 4.6 个百分点。其中，婴儿纸尿裤（片）产品的抽查合格率为 100%；卫生纸、笔、卫生巾（含卫生护垫）、纸尿裤、弹簧软床垫、家用卫生杀虫用品、纸巾纸、软体沙发、单臂操作助行器、电动自行车、木制家具 11 种产品的抽查合格率在 90% 以上；自行

---

① 《质检总局关于公布 2017 年国家监督抽查产品质量状况的公告》，2018 年 1 月 22 日，见 http://www.aqsiq.gov.cn/xxgk_13386/jlgg_12538/zjgg/2018/201801/t20180122_511618.htm。

车、家用清洁剂、树脂镜片、家用燃气灶4种产品的抽查合格率为80%～90%；办公椅、家用太阳能热水系统、儿童家具3种产品抽查合格率不到80%。

（三）品牌价值日益彰显

全球经济竞争日益激烈，产业链、价值链不断深化，企业对品牌影响力的追求愈发强烈。以“中国500最具价值品牌”数据为例，自2004年发布至今，由世界品牌实验室编制的“中国品牌报告”已经有14年，从品牌总价值、平均价值、入选门槛等方面考量每年都有相应的增长。2017年，纺织服装行业以29个入榜品牌，在行业分布前10名中位居第六。这说明纺织服装行业在中国品牌发展中占据重要地位。此外，根据世界品牌实验室公布的2017年《世界品牌500强》排行榜显示，我国的家企业品牌价值提升尤为突出，海尔入围TOP50。另外，通过谷歌关键词实时搜索，海尔以谷歌检索9140000次位居全球家电影响力第一，超越西门子、三星①。

三、重要数据

（一）研发投入

表6－1　2016年按行业分规上工业企业R&D人员及企业R&D经费内部支出

	纺织工业②	轻工业③	食品工业④	医药制造业
R&D投入人员（人年）	176466	255429	163514	187542
R&D投入经费（万元）	3859251	6359063	5031779	4884712

资料来源：《中国科技统计年鉴2017》。

注：下文涉及的纺织工业、轻工业和食品工业的计算方法均与该表中相同。

① 《用实力诠释全球第1家电品牌，海尔2017三大转型成果解读》，2018年1月25日，见http：//washer. ea3w. com/154/1541714. html。

② 纺织工业统计按纺织业、纺织服装、服饰业、皮革、毛皮、羽毛及其制品和制鞋业之和计算。

③ 轻工业统计按烟草制品业、木材加工和木、竹、藤、棕、草制品业、家具制造业、造纸和纸制品业、印刷和记录媒介复制业、文教、工美、体育和娱乐用品制造业、橡胶和塑料制品业之和计算。

④ 食品工业统计按农副食品加工业、食品制造业及酒、饮料和精制茶制造业之和计算。

（二）知识产权

表6－2　2016年按行业分规上工业企业专利情况（单位：件）

行业 专利项目	纺织工业	轻工业	食品工业	医药制造业
专利申请数量	27128	21500	56713	17785
发明专利数量	6307	8944	14374	10483
有效发明专利数量	11936	18681	36861	37463

资料来源：《中国科技统计年鉴2017》。

（三）新产品产值

表6－3　2016年按行业分规上工业企业新产品开发经费支出与销售收入（单位：万元）

行业 项目	纺织工业	轻工业	食品工业	医药制造业
新产品开发经费支出	4136775	6875679	5225171	4978806
新产品销售收入	84548531	56598960	60689224	54227527

资料来源：《中国科技统计年鉴2017》。

第二节　主要问题

一、库存压力和企业经营压力不减

2017年，消费品工业产品存货上升，产成品存货14402.1亿元，同比增长9.0%，增长率与全部工业基本持平。其中，轻工（不含食品）、纺织、食品、医药和烟草同比分别增长12.7%、4.4%、4.5%、15.6%和11.5%。消费品工业产成品存货占全部工业34.0%。可见2017年消费品库存压力仍然巨大。[1] 同时，消费品工业企业面临的经营压力仍然不减，包括国内劳动力和能

① 《2017年消费品工业主营业务收入326891.9亿元》，2018年1月18日，见http://www.china1baogao.com/data/20180118/9382184.html。

源等成本要素、环保以及金融等。以纺织工业为例，2017 年部分原料价格持续上涨，如涤纶短纤价格大幅上涨，7 月中旬江浙地区每吨直纺涤纶短纤价格涨到 9000 多元，十几天内每吨涨幅高达 700～800 元，同比增长近 30%。[①] 原材料上涨导致制造企业经营压力陡增，利润被进一步压缩，中低端生产企业面临被洗牌的命运。

二、高品质产品的有效供给仍是短板

消费品供给质量与居民消费结构向中高端升级需求之间还存在差距，在产品品质、品牌以及种类与发达国家之间还有巨大差异。2017 年我国境外消费额仍巨大，消费者对于奶粉、尿布等婴幼儿用品，手表、美妆以及小家电等需求不断升级，国产产品质量并不能满足需求。一些中高端需求愈来愈强烈，但国内行业及产品发展缓慢，农副产品精深加工、营养健康类食品制造、高端医疗器械、印刷行业新产品和高端旅游装备新产品开发能力不足。同时，我国虽然是消费品工业制造大国，但品牌发展滞后，原创品牌、特色品牌和拥有自主核心技术的品牌少，2017 年全球最具价值品牌 500 强排行榜中，我国仅茅台、周大福和伊利三家消费品制造业企业入榜，品牌弱势可见一斑，极大地阻碍了我国消费品工业企业参与全球化竞争。

三、新业态、新模式发展的支撑环境尚待改善

第一，食品、轻工等知识产权保护措施还不到位。以服装鞋帽品牌为例，由于知识产权保护不力，大量假货带给品牌商巨大的价格压力，为抗衡价格战，品牌商不得不降低产品品质迎合市场，导致品牌美誉度受损，丧失品牌溢价，最后形成恶性循环。第二，新业态、新模式的行业标准缺失。以智能家庭为例，目前这一新业态潜力巨大，处于技术开发环节，要铺开形成成熟产业链，打开市场局面，必须做到运营商、智能家电提供商和第三方系统方案提供商紧密联系，目前我国还没有这一行业的统一标准，厂商之间真正的

① 《原材料猛涨！纺织服装企业陷困局》，2017 年 9 月 13 日，见 http://gold.cnfol.com/spot/20170913/25330368.shtml。

互联互通尚待时日，制约了智能家庭产业的发展进程。第三，中小企业融资难问题仍没有得到有效解决。消费品工业企业以中小企业为主，目前我国以银行为主的融资提供机构，对于中小企业的服务动力不足，中小企业也难以提供有效质押物获取投资，流动性资金缺失严重制约着中小企业发展，进而成为消费品工业发展和创新的主要障碍。

第三节 对策建议

一、坚定不移落实质量强国战略，推进消费品工业进入质量时代

积极落实党的十九大精神和《中共中央 国务院关于开展质量提升行动的指导意见》，坚持以提高发展质量和效益为中心，提高我国制造业供给质量，加快建设质量强国。一是要从质量强国战略角度制定消费品行业质量品牌发展规划，从供给端出发解决我国人民日益增长的美好生活需要和不平衡不充分的发展的主要社会矛盾；二是加快促进消费品工业的提质升级，推动消费品工业增品种、提品质、创品牌，以满足人民群众日益增长的消费需求；三是提升消费品工业的公共服务水平，尤其针对涉及国计民生的消费品产品，要加强国家质检中心、国家产业计量测试中心、国家监督机构的联动，一方面提升检验检测技术水平、标准化服务水平；另一方面提高政府和社会力量的监督能力。

二、坚持以企业主体，提高消费品工业有效供给水平

增加中国制造的有效供给是推进供给侧结构性改革的重要抓手，尤其是在消费品工业领域，大量的“全球购”“海淘”“国外代购”等行为标志着中国消费品工业的供给水平不足以满足国内大众的消费升级需求，为此要坚持引导企业扩大中高端供给水平。一是积极攻破制约消费品工业领域的关键共性技术，尤其是关系质量水平提升的关键技术；二是以企业为主体解决消费品质量安全问题，提高消费品国内国际标准一致性程度，推动实现内外销产

品“同线同标同质”；三是推进企业强化个性化、定制化服务水平；四是引导企业增强质量品牌意识，弘扬企业家精神和工匠精神，加强企业质量管理水平。

三、优化环境，促进消费品工业发展新模式、新业态

随着新一轮工业革命和科技变革的兴起，消费品工业面临着巨大的机遇和挑战，尤其是最接近民生的消费品工业，面临着更为复杂的环境，所以更要抓住机遇迎接挑战。一是要营造良好的市场环境，引导产业发展实现公平竞争、优胜劣汰，重构企业诚信及加强知识产权保护力度，杜绝假冒伪劣产品破坏市场环境；二是提升消费品工业发展的社会服务水平，包括技术创新、检验检测、金融服务等方面；三是引导企业尊重市场，开拓发展个性定制、规模定制、高端定制等新模式，大力发展智能制造、网络营销等新业态。

第七章　电子信息产业

作为十大战略新兴产业之一，电子信息产业是我国制造业重要的组成部分，也是创新资源和创新要素最为集中、创新成果最为丰富的领域。电子信息产业除了包含诸如手机和通信设备、电子视听设备、计算机和智能终端、电子元器件和仪表设备等传统产业外，汽车电子、医疗电子器件以及军工特种设备等新兴领域也成为电子信息产业发展的重点。目前，我国电子信息产业已具有门类齐全的科研开发与配套服务综合能力，产业规模不断扩大，在智能手机、通信导航等领域的技术水平处于世界先进水平，成为支撑我国经济和社会发展的重要增长极。2017 年，在创新驱动发展战略和《中国制造2025》战略的大背景下，我国电子信息产业发展创新硕果累累，取得了一系列重大技术突破，呈现出良好的发展势头。但同时我们也深刻认识到，我国电子信息产业仍存在一些亟待解决的问题，如核心、共性技术供给存在短板，产业发展基础相对薄弱；产业创新资金投入不足，难以匹配创新发展需求；技术创新人才结构性缺失，难以支撑产业实现高速发展等。

第一节　总体情况

一、重点领域技术发展、创新及产业化情况

2017 年，我国电子信息产业总体上保持稳中向好的发展态势，不仅生产保持较快增长，行业效益水平显著提升，而且出口形势明显好于去年同期水平。根据工信部发布的数据显示，2017 年，规模以上电子信息制造业增加值比上年增长 13.8%，增速比 2016 年加快 3.8 个百分点；快于全部规模以上工

业增速7.2个百分点，占规模以上工业增加值比重为7.7%。其中，12月份增速为12.4%，比11月份回落2.6个百分点。

（一）通信产品制造业

1. 手机产品

2017年我国手机行业总体上保持持续稳定增长，国产品牌手机正在逐步改变以往中低端印象，致力于通过技术创新使其品质和品牌效应向国际先进水平靠拢。2017年，生产手机19亿部，比上年增长1.6%，增速比2016年回落18.7个百分点；其中智能手机14亿部，比上年增长0.7%，占全部手机产量比重为74.3%，智能手机延续并进一步巩固手机市场的主导地位。苹果手机产品由于其技术创新方面的疲软，在我国手机行业消费者中的受欢迎度已经大不如前，销量大幅下滑。相比之下，以华为、OPPO、vivo和小米等为代表的中国手机品牌通过差异化的技术创新延续了2016年的良好发展势头，国内销量持续增长，反超苹果、三星等国际知名品牌，逐步引领手机行业风潮。根据国际知名统计公司Counterpoint 2017年智能手机出货量统计数据显示，2017年三星以21%占据全球出货量第一的位置，苹果、华为紧随其后，分别以12%和10%位列第二、第三位。对比国内市场，国产手机品牌更加受欢迎。2017年第二季度，华为、OPPO、vivo和小米四大国产品牌位列我国销售市场前四位，其市场份额分别为20.2%、18.8%、17.0%和13.0%。与此同时，苹果手机的市场份额较2016年同期进一步下降，为8.2%。从增速来看，根据中国通信工业协会发布的2017年度手机消费报告显示，小米手机销售增速名列第一，华为、OPPO分列二、三位。我国国产品牌手机市场份额和销售量的不断攀升，表现出我国手机行业迅猛发展，在海内外市场的影响力不断增大。

2017年，手机产品尤其是智能手机领域的技术突破取得了一系列丰硕的成果，各大企业纷纷推出新产品以抢占市场。第一，全面屏手机风靡市场。由于高屏占比能够给消费者带来更好的视觉体验，全面屏手机于2017年下半年迎来爆发。在国外企业陆续推出如三星S8、苹果X等全面屏手机的同时，华为、OPPO、vivo等国产手机品牌也纷纷加入这一行列，甚至夏普、360都推出了千元价位的全面屏手机，这大大加速了全面屏手机时代的到来。第二，内置人工智能（AI）技术的智能手机不断出现。由于人工智能技术推广热潮持续升温，一些手机巨头纷纷瞄准该领域加快技术研发，以实现 AI 与手机的完美融合。2017 年 10 月 16 日，华为在德国慕尼黑正式发布了配置全球首款 AI 手机芯片麒麟 970 的 Mate 10 手机，其拥有场景识别、自动调校相机和实时翻译等 AI 功能，为用户在语音交互、视觉识别等领域带来了良好的体验。与此同时，苹果公司不甘落后，在最新推出的苹果 X 上配备的 AI 芯片“A11 生物神经网络引擎”，使其集成神经网络引擎，具备了深度学习功能。相比之下，三星、小米和 vivo 在人工智能硬件布局上起步较晚，但是仍然从各自领域的不同视角致力实现 AI 与手机融合，大有后发追赶之势。第三，多摄像头技术在手机的广泛应用。继 2016 年苹果 7 Plus 首次搭载了双摄像头之后，2017 年更多的手机企业将双摄像头乃至四摄像头的物理架构应用到其产品上。由于多摄像头的应用能够增加进光量，对于拍照及摄影的增强性更好，从而给消费者带来了更加优质的摄像体验。第四，屏下指纹识别技术。2017 年 6 月上海 MWC（Mobile World Congress，世界通信移动大会）上，vivo 与高通率先发布了适应全面屏的全新屏下指纹识别技术，以实现在用户手指沾水的情况下仍能精准地指纹解锁。

2. 移动通信设备

2017 年，我国移动通信设备产业继续保持良好的发展势头，相关基础设施建设稳步推进。5G 标准和产业进程进入实质性加速阶段，世界上首条量子保密通信干线——“京沪干线”正式开通。2017 年，我国移动通信设备发展呈现出以下特点：一是宽带基础设施建设进一步完善。根据工业和信息化部发布的数据，2017 年我国 100Mbps 及以上固定宽带接入用户数达 1.2 亿，其中 50Mbps 及以上固定宽带接入用户超过三分之二。2017 年 11 月末，三家基础电信企业的固定互联网宽带接入用户总数达 3.46 亿户。50Mbps 及以上接入速率的固定互联网宽带接入用户总数达 2.31 亿户，占总用户数的 66.9%。光纤接入（FTTH/O）用户总数达 2.89 亿户，比上年末净增 6173 万户，占固定互联网宽带接入用户总数的 83.6%。二是我国移动互联网用户保持两位数快速增长，IPTV（交互式网络电视）用户净增超过 3000 万。2017 年 11 月末，移动互联网用户总数达到 12.5 亿户，同比增长 16.6%。使用手机上网的用户 11.6 亿户，对移动电话用户的渗透率为 82.1%。IPTV 用户总数达到

1.18亿户。三是4G用户数量实现高速增长，逐步替代3G用户。根据工业和信息化部网站数据，2017年6月底，我国4G用户数量已经达到8.88亿户，其中1—6月累计净增用户1.18亿户，在移动电话用户中渗透率达到65.1%。

2017年，我国量子通信取得了重大进展。6月16日，中国科技大学潘建伟团队宣布“墨子号”量子卫星成功实现了千公里级星地双向量子纠缠分发及大尺度量子非定域性检验。至此，量子卫星已圆满实现预先设定的全部3大科学目标。9月29日，世界上首条量子保密通信干线——“京沪干线”正式开通，首次实现了洲际量子保密通信。“京沪干线”与“墨子号”量子科学实验卫星完美对接对于未来我国实现量子通信的全球覆盖具有十分重要的现实意义。一是在技术创新方面，由我国完全自主研制的“墨子号”量子卫星成功实现预先设定的科学目标，表现出我国在量子通信建设中从基础理论到科技产出、从工程组织到商业化应用的全产业链创新上实现了质的飞跃，更标志着我国在该领域的研究已经达到国际领先水平。二是在业务应用方面，“京沪干线”的建成实现了连接北京、济南、合肥、上海全长2000余公里的量子保密通信骨干线路的全线贯通，包括上述4市和乌鲁木齐南山地面站、奥地利科学院6点洲际量子通信视频会议成功召开。三是“京沪干线”与“墨子号”量子科学实验卫星完美对接预示着我国天地一体化广域量子通信网络已经初具雏形，这不仅将会加快量子通信在金融、政治以及军事领域的广泛应用，推动万亿级的产业集群的形成，而且通过建立完整的量子通信产业链将彻底颠覆传统通信产业，最终构建基于量子通信安全保障的量子互联网。

（二）电子视听产品制造业

2017年，家用视听制造业生产相对平稳，部分产品出现下降。根据工信部发布的数据显示，2017年，生产彩色电视机17233万台，比上年增长1.6%，增速比2016年回落7.1个百分点；其中液晶电视机16901万台，比上年增长1.2%；智能电视10931万台，比上年增长6.9%，占彩电产量比重为63.4%。实现出口交货值比上年增长11.8%，同比加快10个百分点。

智能电视方面，根据中国电子商会与中国电子技术标准化研究院发布的《2017年中国电视消费及2018趋势预测报告》数据显示，由于面板长周期高幅度的涨价和消费需求受到短期的抑制，2017 年全年电视市场销量约 4800 万台，与 2016 年基本持平，未能实现显著增长。相比之下，智能电视却逆势上扬，保持稳步发展，产量持续上升。包括传统电视生产企业的各大产商纷纷推出一系列新品智能电视，致力于快速抢占国内外市场。10 月 18 日，广东省印刷及柔性显示创新中心建设方案通过专家论证，由 TCL 集团联合行业内高校、企业和科研院所组成的创新联盟致力于突破印刷显示产业发展的核心技术，引领未来全球新型显示产业的发展，这将对于我国电子视听产品制造业产生巨大的影响。2017 年我国智能电视产业主要呈现出两大特点：一是传统国产电视品牌国际市场占有率较低，合资电视品牌表现抢眼。根据奥维云网（专注于垂直领域的大数据应用技术和解决方案服务商）的数据显示，2017 上半年全球主要电视品牌的市场占有率如下：三星 19.3%、LG 电子 13.8%、TCL 6.5%、海信 5.7%、索尼 4.9%、夏普 3.8%、创维 3.6%。三星的国际市场份额甚至比我国电视品牌三大巨头（TCL、海信和创维）加起来还要高。合资品牌的技术凭借其技术实力和产品综合水平的优势以及高清晰度的画面感受逐步放弃了中小尺寸电视市场，专注于中高端领域，使其市场占有率不断提升。二是互联网电视品牌面临严峻的挑战。2017 年 5 月，乐视网正式发布超级电视产品，该智能电视品牌虽然通过产业链垂直整合和跨产业的价值链重构来颠覆传统电视行业，但是迅速遭到其他电视产商的“舆论战”和“价格战”围剿。因此未来智能电视的发展前景仍然不够清晰，互联网电视品牌方面，各大电视品牌亟须在技术创新领域有所突破。

2017 年，我国网络视听产业发展迅速，技术创新同样紧跟潮流。基于《2017 中国网络视听发展研究报告》数据显示，网络视频用户规模达到 5.65 亿，用户使用率为 75.2%，增速显著提升，大大超过整体网民增速。相比之下，手机视频用户规模达到 5.25 亿，较 2016 年底增加 2536 万人，增速有所放缓。网络和信息技术方面，一系列“黑科技”纷纷应用在网络视听产品中。2017 年 7 月，阿里巴巴文娱集团通过窄带高清 2.0 + 精准推送等技术进步力图夯实底层技术基础，大大提升其产品的视听体验。北京陌上花科技有限公司成功实现人工智能与电子视听产品完美融合，基于人工智能图像识别和搜索技术创新，强力推出 Yi + 大屏 AI 助理以解决大屏互动智能化问题。新兴终端方面，央视“网络文化建设”板块通过强化虚拟现实（VR）体验，让观众以互动方式亲身参与体验直播中国、“春节季”等网络文化频道之中。另外，中国国际广播电台国际台推出 CIBN（中国国际广播电视网络台）互联网电视、100 吋激光电视以及旗下自有智能电视，力图给观众带来精彩的视听体验。

（三）计算机产品制造业

2017 年，虽然受到了智能手机和移动互联网的冲击，我国计算机产品制造业扭转了 2016 年行业持续下行趋势，实现稳定增长。根据工信部发布的数据显示，计算机行业生产、出口情况明显好转。2017 年，生产微型计算机设备 30678 万台，比上年增长 6.8%（2016 年为下降 9.6%），其中笔记本电脑 17244 万台，比上年增长 7.0%；平板电脑 8628 万台，比上年增长 4.4%。实现出口交货值比上年增长 9.7%（2016 年为下降 5.4%）

1. 超级计算机

2017 年 5 月 3 日，世界首台光量子计算机在我国诞生。根据官方公布的实验结果，该原型机的取样速度比国际同行快至少 24000 倍，该量子计算机对特定问题的处理能力甚至超过目前最快的“神威·太湖之光”超级计算机。量子计算利用量子相干叠加原理，具有超快的并行计算和模拟能力，计算能力随可操纵的粒子数呈指数增长，可为经典计算机无法解决的大规模计算难题提供有效解决方案。与此同时，我国在世界超级计算机领域表现出色。2017 年 6 月 19 日，新一期全球超级计算机 500 强世界排名公布，我国超级计算机表现出众，“神威·太湖之光”和“天河二号”第三次携手夺得前两名，瑞士 Piz Daint 超越美国排名第三。中国的“神威·太湖之光”每秒 9.3 亿亿次的浮点运算速度荣获冠军，且该速度是“天河二号”的 3 倍。与 2016 年相比，我国超级计算机总数从上一期的 167 台增至 202 台，再次超过美国（144 台）。虽然目前我国的超级计算机已经处于世界领先水平，但是从超级计算机企业与核心技术看，美国依旧牢牢占据优势。

2. 个人计算机（PC）

2017 年，尽管受到移动互联网和智能手机的冲击，个人计算机（PC）生产仍然保持平稳增长。1～10 月，全国共生产微型计算机设备 2.50 亿台，同比增长 8.2%，其中笔记本电脑 1.41 亿台，同比增长 8.2%；平板电脑 0.70

亿台，同比增长 7.5%。出口交货值同比增长 15.1%，其中 10 月份增长 8.5%。据市场研究公司 IDC 全球季度个人计算设备跟踪调研报告显示，2017 年第二季度全球个人电脑的出货量为 60.5 万部，同比下降 3.3%。惠普、联想、戴尔以 1378.2 万台、1243.4 万台和 1032.8 万台分列全球个人电脑出货量前三位。与此同时，惠普以 22.8% 的市场占有率超越联想，排名世界第一。

（四）电子材料、元器件制造业

电子元件行业生产稳中有升，出口增速加快。根据工信部发布的数据显示，2017 年，生产电子元件 44071 亿只，比上年增长 17.8%。实现出口交货值比上年增长 20.7%，增速比 2016 年加快 18.1 个百分点。电子器件行业生产、出口实现快速增长。2017 年，生产集成电路 1565 亿块，比上年增长 18.2%。实现出口交货值比上年增长 15.1%（2016 年为下降 0.7%）。值得注意的是，电子元器件行业投资增势突出。电子器件行业完成投资比上年增长 29.9%；电子元件行业完成投资比上年增长 19.0%。

在全球半导体市场快速增长的带动下，我国集成电路产业快速发展，市场需求十分旺盛。然而，我国集成电路产业核心竞争力不强，个人电脑、CPU 芯片以及手机等移动终端中需求量最大的存储芯片更是几乎完全依赖于进口，制约了该行业的发展。总体来看，我国集成电路产业发展呈现出以下两个特点：第一，产业投资迅速增长，规模不断壮大。2017 年，我国总计有 14 座晶圆厂正在兴建，总计将有 48 座晶圆厂有设备投资，投入金额达到 67 亿美元，使得集成电路投资总额将达到 780 亿元。2017 年 7 月 31 日，根据财富中文网发布的 2017《财富》中国 500 强排名，12 家电子和电子元器件企业上榜，且排名均有大幅度的上升。第二，受到海外并购的限制，我国在集成电路领域加快自主创新步伐，前瞻性布局协同创新平台。2017 年 6 月，美国政府宣布加强 CFIUS（美国外资投资委员会）的作用，加大了中国对美科技投资的审查力度，从而限制我国海外并购。另外由于英法等欧洲国家的政治因素，在半导体领域与中国的合作同样受到较大影响。在相关部门的指导下，2017 年中关村集成电路设计园与亦庄生产制造基地、河北正定封装测试产业基地积极对接，致力于形成北京市集成电路产业“北设计，南制造”的空间布局，实现协同创新。国务院在《“十三五”国家信息化规划》中提出要重点突破高端CPU（中央处理器）、存储器等关键技术，未来对于高端芯片的扶持力度将进一步加强。2017年10月18日，信息光电子制造业创新中心建设方案通过工业和信息化部专家论证。作为面向高端电子材料、核心芯片工艺、先进集成电路等重点领域技术突破的创新联盟，该创新中心的成立对于我国未来电子材料和元器件制造业基础研究和创新成果转化将产生重大影响，成为释放产业新动能的“金钥匙”。

（五）软件和信息服务业

根据工信部数据显示，我国软件和信息技术服务业运行总体平稳，业务收入增长稳中有升，利润呈现良好发展态势。分领域看，我国工业软件发展速度加快，其中在线运营服务、电子商务平台技术服务表现抢眼。分地区看，传统软件大省稳步增长，中西部省市表现出后发追赶态势，中心城市软件业聚集领先发展。软件业务收入增长稳中有升。2017年，全国软件和信息技术服务业完成软件业务收入5.5万亿元，比上年增长13.9%，增速同比提高0.8个百分点。从全年增长情况看，走势基本平稳。全行业利润增长快于收入增长。2017年，全行业实现利润总额7020亿元，比上年增长15.8%，比2016年提高2.1个百分点，高出收入增速1.9个百分点。分季度来看，一至四季度利润总额增速分别为9.6%、14.2%、15.6%和21.2%，呈逐步上升态势。出口形势仍然低迷，但进入下半年以后情况有所改观。2017年，全国软件业实现出口538亿美元，同比增长3.4%，增速比上年提高2.4个百分点。其中，外包服务出口增长5.1%，比上年提高4.4个百分点；嵌入式系统软件出口增长2.3%。

2017年9月8日，工业和信息化部发布2017年（第16届）中国软件业务收入前百家企业（以下简称软件百家企业）。本届软件百家企业入围门槛为软件业务年收入14.5亿元，比上一届提高了1.2亿元，增长8.1%。本届软件百家企业中出现14家新上榜企业，更新率与上届持平。总排名方面，华为技术有限公司、海尔集团公司和浪潮集团有限公司分别以2177.72亿元、432.10亿元和185.44亿元位列排行榜前三位。本次软件业务收入百家企业发展报告数据呈现出以下特点：首先，我国软件企业的业务收入规模较上一年显著扩大，运行质量和能力等指标均有所提升。本届软件百家企业入围门槛为软件业务年收入14.5亿元，比上一届提高了1.2亿元，增长8.1%。其次，部分企业表现抢眼，排名持续提升。本届软件百家企业中约有40%的企业收入增长率超过20%，一些致力于深耕产业链上下游的企业业绩非常突出。最后，我国软件业的创新能力和竞争优势进一步提升。通过收购并购、战略合作、产业联盟等方式，企业间形成更加高效的协同创新模式，有力推动了产业的快速发展。

表7－1 2017年（第16届）中国软件业务收入前百家企业名单

序号	企业名称	软件业务收入（万元）
1	华为技术有限公司	21777227
2	海尔集团公司	4321020
3	浪潮集团有限公司	1854390
4	杭州海康威视数字技术股份有限公司	1517945
5	海信集团有限公司	1186142
6	南京南瑞集团公司	1150419
7	中国银联股份有限公司	1120881
8	国网信息通信产业集团有限公司	1055490
9	浙江大华技术股份有限公司	1047125
10	航天信息股份有限公司	945764

资料来源：工业和信息化部网站，2017年9月。

（六）智慧健康养老产业

当前，随着信息技术和健康养老领域的相互融合渗透，智慧养老成为电子信息产业的未来重要发展方向。2017年12月28日，由工业和信息化部、民政部和国家卫计委联合主办的智慧健康养老产业发展大会在北京召开。会上泰瑞特产业研究中心发布了《智慧健康养老产业发展白皮书（2017年）》（以下简称《白皮书》），指出我国目前健康信息化的投入较发达国家仍然处于较低水平，人均在2.5美元左右。而同期美国人均健康管理信息化投入将近85美元，约是我国的34倍。这一方面反映出我国智慧养老产业发展的滞后，相关技术产品和服务难以满足人民群众对于健康养老的需求；另一方面，由于人口老龄化程度的不断加快，智慧养老产业的发展空间十分广阔，市场潜力巨大。据《白皮书》显示，2017—2020年未来三年，该产业年复合增长率或达30%，到2020年将达到5万亿元人民币。

在云计算、大数据等新一代信息技术高速发展的带动下，一系列智慧健康养老产品及服务推出市场，满足人民群众多层次、多样化的健康养老需求。然而，由于该领域技术产品核心关键技术能力不足，部门联动机制不完善以及服务模式单一等问题极大阻碍了智慧健康养老产业的快速发展。总体来看，目前我国智慧健康养老产业主要呈现以下两大特点：第一，智慧养老服务平台发展迅速，特色服务业态不断涌现。例如，贵州贵安新区星湖社区针对四个村镇的被征地农民年龄结构偏大、相对文化程度较低的特点，充分利用本地区大数据产业集聚的优势，成功打造全贵州第一个生态型、智慧型、服务型智慧云社区。通过前瞻性布局无线网络、云社区服务中心、云健康管理中心、卫计服务中心和电商城等基础设施，大大提高了为本社区群众提供高效便捷养老服务的效率。根据2017年11月工业和信息化部电子司的公示名单，全国共设立了53家智慧健康养老示范企业、82个示范街道（乡镇）和19个示范基地，未来智慧健康养老产业将向着网络化、协同化和共享化的全产业链方向发展。第二，智慧养老产品技术创新水平不断提高，大量高新技术广泛应用并商业化。2017年，如健康管理可穿戴设备、家用健康检测监测终端以及智能养老看护等一系列智慧健康养老产品推出市面，以满足不同层次消费者的需要。以贵州星湖社区为例，其云平台信息系统通过“互联网+”和大数据技术，已经实现与服务对象的移动终端无缝对接，能够对老人进行实时监控和自动预警。根据2017年12月《智慧健康养老产品及服务推广目录》，健康管理类可穿戴设备、便携式健康监测设备、自助式健康检测设备、智能养老监护设备、家庭服务机器人五大类产品是未来智慧健康养老产品的重点发展方向。

二、重要数据

（一）知识产权

表7－2 2016年计算机、通信和其他电阻设备制造业规上工业企业专利申请统计

单位：件

指　　标	
专利申请数	118725
发明专利申请数	70883
有效发明专利数	227365

资料来源：《中国科技统计年鉴》。

（二）研发情况

表7－3 2016年计算机、通信和其他电阻设备制造业规上工业企业P&D经费内部支出

单位：万元

指　　标	
R&D 经费内部支出	1810975
试验发展支出	17163757
日常性支出	16647995
人员劳务费	7922215
资产性支出	1461755
仪器设备支出	1441748
政府资金	853472
企业资金	16996670
境外资金	145310
其他资料	114299

资料来源：《中国科技统计年鉴》。

（三）新产品产值

表7－4　2016计算机、通信和其他电阻设备制造业规上工业企业新产品情况

指　标	
新产品开发项目数（项）	42040
新产品开发经费支出（万元）	23494423
新产品开发销售收入（万元）	348386662

资料来源：《中国科技统计年鉴》。

第二节　主要问题

一、核心、共性技术供给存在短板，产业发展基础相对薄弱

近年来，我国大力发展电子信息产业，但产业发展基础依然存在较多薄弱环节，核心关键技术和共性关键技术供给仍然存在较大短板，距离推动制造业智能化发展还有较大差距。表现尤为明显的是基础软件、核心芯片、智能控制系统集成、智能传感器等核心关键、共性关键技术储备不足，核心关键、共性关键技术长期受制于人的困境没有得到根本性的改善。2017年，工业和信息化部正式批复成立了国家信息光电子创新中心、国家印刷及柔性显示创新中心，对电子信息产业部分细分领域的创新资源进行了一定程度的整合，集中力量攻克制约产业发展瓶颈的共性关键技术，对推进电子信息产业高速、健康发展意义重大。但是电子信息产业涉及面相对较广，仅仅依靠国家信息光电子创新中心、国家印刷及柔性显示创新中心这两家国家级制造业创新中心，难以突破整个电子信息产业发展的制约瓶颈。电子信息产业作为我国重要的战略性新兴产业，目前尚未对我国经济新兴增长点形成相匹配的支撑。

二、产业创新资金投入不足，难以匹配创新发展需求

创新投入资金的供应情况直接关系到产业的创新驱动发展能力，尤其在电子信息这类高技术、资金密集型的产业，开展技术创新需要大量的科研基金，稳定、高效的创新投入资金对推动产业提升创新能力发展具有十分重要的意义。但是，在实际中，我国电子信息产业创新活动难以获得足够的研发资金，企业为了生存不得不从事模仿活动，突破性的自主创新成果难以产生，导致企业产品利润低下、无法投入大量的创新资金，从而进入低质量发展的恶性循环。同时，由于电子信息产业具有研发投入高、成本回收周期长、资本投资风险高的特点，往往难以获得银行的青睐，贷款难度较大。此外，我国资本市场在制度保障方面并不成熟，民间资本难以直接参与电子信息产业创新领域投资。

三、技术创新人才结构性缺失，难以支撑产业实现高速发展

电子信息产业是高科技产业，是我国重要的战略性新兴产业。当前全球新一轮科技革命和产业变革均围绕电子信息产业的技术创新展开，国际国内市场竞争已经进入白热化状态，归根到底，这种竞争是智力的竞争，是创新型人才的竞争。尽管我国制造业人才体系已经相对完善，人才数量和质量已经可以与发达国家比肩，但由于我国信息产业发展起步较晚，信息产业人才的培养与发达国家相比相对落后，信息产业人才尤其是高层次领军科技人才的供给与电子信息产业高速发展的需求严重不匹配，在电子信息新技术研发方面还存有很大的空白。此外，我国电子信息产业企业多以中小企业为主，企业体量小、研发资金少、人才工资低，不能为高层次创新人才提供一个展示才华的舞台，导致电子信息产业人才严重流失。

第三节 对策建议

一、加强产业前沿核心、共性技术突破

我国电子信息产业应瞄准国家重大战略需求和未来产业发展制高点，充分用好国家信息光电子创新中心和国家印刷及柔性显示创新中心 2 家电子信息产业领域的创新中心，集合全行业力量开展共性、核心技术的攻关。同时，应围绕智能信息产业这一电子信息产业的前沿，布局建设国家制造业创新中心，加强对生物特征识别、计算机视听觉、新型人机交互、智能决策控制、复杂环境识别、机器翻译、自然语言理解等技术的研发和产业化力度，加大智能传感器、智能芯片、智能控制系统、智能操作系统等核心智能软件、智能硬件产品的支持力度，支持人工智能领域的关键网络设备、高端服务器、中间件、网络安全技术设备等基础产品的研发，打造全产业链协同、各创新主体协同的创新机制，通过产业前沿核心、共性技术的供给，切实提升我国电子信息产业的发展能力。

二、推动产业加大创新资金投入

加大产业创新投入力度，首先要丰富产业创新投入资金来源渠道。除了鼓励企业自身不断加大创新投入、加大国家级、省级、地市级财政对电子信息产业开展技术创新的投入之外，还应积极引进风险投资资金，允许民间资本参与产业技术创新活动。研究出台政策，鼓励境外资金积极参与电子信息产业不涉及信息安全的研发和产业化活动，给予一定税收优惠政策。打造国家、省市、地市等多级产融对接平台，吸引资本市场资金涌向电子信息创新领域。同时，应重视电子信息产业领域的政策环境的改善，要对产业基础设施的建设和运营给予政策鼓励和资金补贴。让资金在电子信息产业创新活动中发挥重要的推动作用。

三、以人为本加强人才队伍建设

应坚持以人为本的原则，不断加强完善电子信息产业领域三支人才队伍建设，促进电子信息产业的创新。首先，要弘扬创新精神，打造电子信息产业高层次创新人才队伍。要围绕电子信息国际前沿领域，大力引进国外高层次创新和紧缺急需人才，培育本土高层次创新人才，鼓励大学生在电子信息领域开展“双创”。其次，要弘扬企业家精神，培育电子信息产业高水平经营管理人才队伍。要增强电子信息领域民营企业的责任感和使命感，提升企业家产业前瞻的意识和能力，培育电子信息领域高素质民营企业家和高层管理人员。最后，要弘扬工匠精神，培养电子信息产业高技术技能人才队伍。要重视电子信息产业职教顶层设计，统筹职业院校电子信息专业设置及招生结构，依托“校企合作”模式建立多元化的电子信息高技能人才培养体系，对当前在岗人才要加强创新能力培育，切实有效地让人才支撑作用在电子信息产业得以发挥。

地方篇

第八章　北京市工业技术创新发展状况

北京市牢牢把握首都城市战略定位，坚持“稳中求进”的工作总基调，以习近平总书记视察北京重要讲话精神为指导，深化供给侧结构性改革，全市各项工作有序进行，经济运行平稳、良好。2017 年，北京市紧紧围绕建设具有全球影响力的科技创新中心这一目标，通过调整经济结构、聚焦“三城一区”科技创新、京津冀三体协同发展、“一带一路”科技创新行动计划等措施，实现经济增长由量变转为质变，构建起以新兴产业为代表的“高精尖”经济体系，同时带动天津、河北两地进一步完善京津冀产业一体化布局，推动城市国际化发展。质量品牌方面，政府不断完善政策法规，鼓励企业打造高质量品牌，中关村标准走向国际。知识产权方面，北京市加大知识产权服务业建设，着力解决科技成果转化落地难题，全市专利申请量、授权量继续处于全国领先水平。

第一节　发展回顾

2012—2016 年，北京经济的增长呈现逐渐放缓但稳中有升的趋势(图 8－1)。2012 年与 2013 年增速较大，2012 年地区生产总值和工业增加值分别为 7.7% 和 7.0%，2013 年地区生产总值和工业增加值分别为 7.7% 和 7.8%，从 2014 年开始，地区生产总值和工业增加值逐渐下降。2016 年，北京地区生产总值达到 24899.3 亿元，同比增长 6.7%。

2017 年，北京市经济发展良好，需求支撑结构更优，优势产业发展更强。高技术制造业增加值为 6387.3 亿元，战略性新兴产业增加值为 4531.3 亿元；服务业处主导地位，知识和技术密集型行业对全市经济增长的贡献率合计达到 53.3%，三大优势行业金融、科技服务、信息服务业分别实现增加值

4634.5亿元、2859.2亿元、3169亿元，分别增长7.0%、10.7%、12.6%①；其他新兴产业如人工智能和数字经济等也不断壮大，互联网视听、互联网教育等文化科技加速融合。

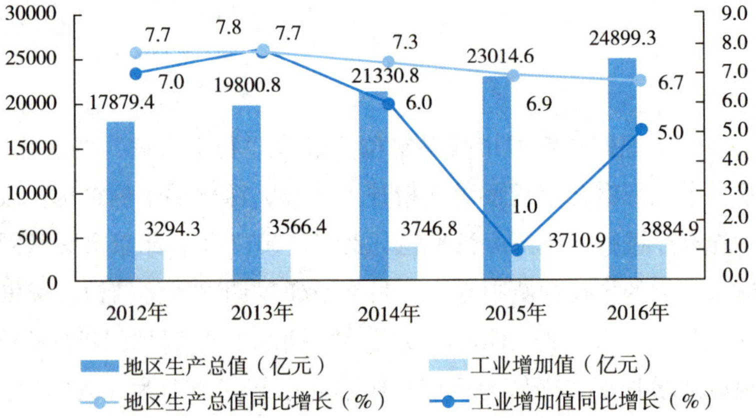

图8-1 2012—2016年北京地区生产总值、工业增加值及其增长速度

资料来源：《北京市2017年国民经济和社会发展统计公报》。

一、技术创新发展情况

（一）总体情况

党的十九大明确了创新在经济社会中的重要地位。北京市着力建设具有全球影响力的科技创新中心，以“三城一区”作为主平台，使创新型企业成为构建“高精尖”经济结构的主力军，重点建设“中国制造2025”创新引领示范区以及创新型产业集群。根据《中国区域创新能力评价报告2017》显示（图8-2），广东、江苏、北京和上海的区域创新能力综合排名位居全国一至四位，丰富的科技资源与人力资源成为北京发展科技创新的优势，相对于2016年来说，上海与北京的相对差距在拉大。2017年，全球商业资源公司“专家市场（Expert Market）”的年度报告中，全球最大科技城市排名中北京超过柏林和旧金山，名列第一。

① 北京市统计局国家统计局北京调查总队：《2017年北京经济保持稳中向好发展态势》，2018年1月19日，见http://www.bjstats.gov.cn/zxfb/201801/t20180119_391186.html。

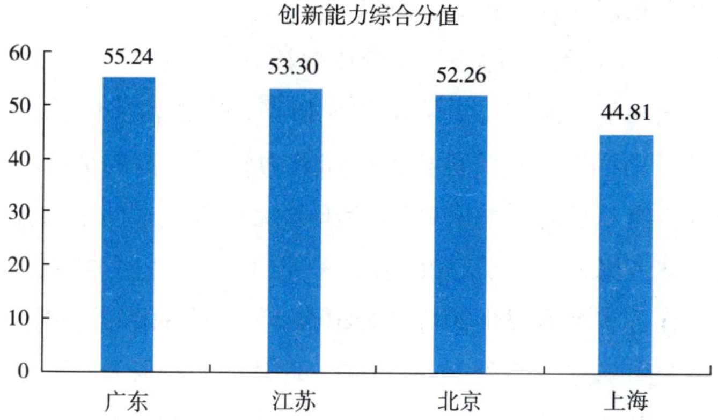

图 8 – 2　2017 年广东、江苏、北京、上海创新能力排名

资料来源：《中国区域创新能力评价报告 2017》。

（二）主要做法

1. 腾笼换鸟，构建“高精尖”的经济结构

北京市深入贯彻习近平总书记视察北京时的重要指示精神，重点发展新能源、集成电路及环保等新兴产业和高技术产业，加快现代服务业的发展。为保证“高精尖”经济结构的顺利构建，北京市于 2017 年 12 月正式发布《中共北京市委、北京市人民政府关于印发加快科技创新构建高精尖经济结构系列文件的通知》，对新一代信息技术、集成电路、医药健康、智能装备、节能环保、新材料、软件和信息服务、科技服务、新能源智能汽车、人工智能十个重点产业，提出了到 2020 年的发展目标与要求，对各高新技术行业给予具体指导意见，显示了北京市对构建“高精尖”经济结构的高度重视。

2017 年 3 月，北京市政府、比尔及梅琳达·盖茨基金会、清华大学，共同达成合作协议，共同建设世界一流的非营利性全球医药创新机构“全球健康药物研发中心”，加速北京市医药健康产业的科技创新；5 月，我国首个碳化硅（SiC）新型充电桩示范工程在京启动，推动了新材料以及新能源智能汽车的科技创新发展；7 月，“视诊通 CT 肺结节辅助诊断系统”正式上线，该系统连接了人工智能与医疗领域，推动了医疗的智能化；11 月，北京市科学技术委员会、清华大学、美国赛默飞世尔科技公司三方达成共建开放式服务平台“冷冻电镜与药物发现创新中心”合作协议，该中心将为创新药物研发

提供支撑，助力北京科技创新中心的建设。

2. 聚焦“三城一区”，加快建设科技创新中心

北京市以党的十九大重要讲话精神为指导，贯彻落实“主力要出征、地方须支前”的行动纲领，发挥科技资源和人力资源丰富的优势，建设科技创新中心工作进度提速显著。根据2016年国务院发布的《北京加强全国科技创新中心建设总体方案》，北京市和国家有关部门制定《北京加强全国科技创新中心建设重点任务实施方案（2017—2020年）》，随后由北京推进科技创新中心建设北京办公室设立“一处七办”（即：北京办公室秘书处，重大科技计划、全面创新改革与中关村先行先试、科技人才、中关村科学城、怀柔科学城、未来科学城、创新型产业集群与“中国制造2025”示范区7个专项办），建立了抓督查落实的工作台账，以及“月滚动、季督查、年评估”的工作机制。

2017年，围绕全国科技创新中心建设，北京市共部署启动215个工作任务和重点项目，各项工作有序进行。以“三城一区”的科技创新平台培育发展新动能，为北京建设成为科技创新中心拓展发展新空间。中关村科学城获批建立国家工程实验室，同时一批新型研发机构相继在中关村科学城建立；《北京怀柔综合性国家科学中心建设方案》正式获得国家批复，在怀柔科学城，前言交叉研究平台已开工建设，首届国际综合性科学中心研讨会成功举办。未来科学城“打开院墙搞科研”，神华集团（神华）、国家电网公司（国网）等央企、华北电力大学、中国电信集团有限公司（中国电信）、光启北京研发中心等机构纷纷建立科技创新平台，目前未来科学城已拥有高水平研发平台40个。北京经济技术开发区则加快成果转化和产业化步伐，集成电路、新型显示、智能车联等创新中心成功建立，成立5家研究院，中芯北方集成电路制造（北京）有限公司、京东方科技集团股份有限公司、北京小米科技有限责任公司等企业均有科技成果实现产业化。

3. 以北京为中心，形成京津冀三地协同创新共同体

北京作为全国的科技创新中心，将充分发挥其辐射带动作用，根据《关于建设京津冀协同创新共同体的工作方案（2015—2017年）》的要求，实现三地科技创新平台共享、促进创新资源整合、加速科技成果转化以及培养创新领域人才，完成京津冀三地创新体系的建立，在中国打造出一条新的经济发展支撑带。2017年3月，京津冀三地科技部门共同支持成立“京津冀钢铁

行业节能减排产业技术创新联盟”，以河北迁安市为突破口，汇聚三地科技创新资源，有力促进了钢铁行业的节能减排与产业转型升级，截至2017年7月，组织开展科技攻关项目10项，投入科技经费总额1.5亿元，带动北京科技大学、中国钢研科技集团有限公司等联盟会员单位牵头或参与国家、河北省科技计划项目20余项，投入科技经费总额2.2亿元①；河北保定市成立京津冀大学科技园联盟，该大学科技园联盟由19家国家级大学科技园组成，包括天津大学国家大学科技园、清华大学国家大学科技园、保定国家大学科技园等；在推进成果转化落地方面，北京市召开“京津冀科技成果转化高峰论坛”，旨在为搭建京津冀三地的科技成果转移转化平台服务；2017年7月，《京津冀人才一体化发展规划（2017—2030年）》发布，为“通武廊”（北京市通州区、天津市武清区、河北省廊坊市，简称“通武廊”）人才引进创造良好的条件与优越的环境，大力推进人才一体化发展。

（三）重点领域

1. 新能源汽车与智能汽车

2017年，北京市新能源汽车数量接近16万辆，其中，私人汽车超过11万辆，租赁汽车1.56万辆，三项数据均为全国最高值②。北京市新能源汽车技术创新中心（以下简称中心）出台建设一个“中心”、两个“高地”、三个“平台”的计划，旨在为新能源汽车研发创造成果转化平台、培养高端人才、提供学术交流机会、聚集科技创新资源。中心将提前布局智慧汽车、飞行汽车、变形汽车等产品的研发工作，对于核心领域，重点研发燃料电池技术、动力电池技术、插电式混合技术、电驱动技术、电控技术和轻量化技术，并提升正向设计开发、整车轻量化和产品智能化水平。精进电动科技（北京）有限公司于2016年荣获北京市科学技术奖一等奖，2017年，该获奖技术中的直驱式电机已广泛应用于纯电动商用车，为我国新能源商用车安上“中国心”；“中国氢能第一股”亿华通公司上市，该公司拥有从电推到发动机、动

---

① 柯维:《京津冀科技协同创新的“迁安模式”》，2017年7月21日，http://digitalpaper.stdaily.com/http_ www.kjrb.com/kjrb/html/2017-07/21/content_ 374241.htm? div = -1。

② GuoMeng:《2017北京新能源汽车发展的数量接近16万辆居全国第一》，2017年11月22日，见http://www.chinairn.com/news/20171122/160758621.shtml。

力系统、整车配套、检验测试，再到运营和基础设施的电动汽车研发与产业化系统。智能汽车无人驾驶取得突破，京东物流将智能驾驶与物流配送行业进行融合，实现无人物流配送服务；北京地平线信息技术有限公司（地平线公司）的第一代“盘古”芯片将重点应用于自动驾驶领域；地平线公司与英特尔（Intel）公司共同开发了全新驾驶辅助系统，有望实现自主泊车、园区通勤等智能汽车应用。

2. 医药健康产业

北京市把握首都城市战略定位，为满足人民群众日益增长的健康需求，大力推动医药健康产业的智能化、服务化、生态化、高端化发展，通过各项政策与措施激发医药健康产业创新活力。目前，北京市的医药健康产业已形成生命科学与健康医学前沿技术、生物医药产业、临床医学研究三位一体的整体科技布局。据统计，2017 年，北京医药制造业增加值增长 18.8%①，保持了良好的增长态势，预计在“十三五”期间北京医药工业主营业务收入可达到 1500 亿元以上。北京医疗健康领域多项科技创新成果均得到国际的认可，百泰生物药业有限公司成功开发癌症标准治疗药物，打破国外肿瘤抗体的垄断局面；中国医学科学院阜外医院的“血管迷走性晕厥的去神经化介入治疗”课题，提出一种全新的治疗血管迷走性晕厥的方法，该技术已在国内、欧洲、美洲等地区得到广泛推广。

3. 新材料产业

工业制造，材料先行。北京以提升新材料自主创新能力和核心竞争力为目标，着力于前沿新材料原始创新、关键战略材料集群发展、先进基础材料辐射带动，构建企业、高校、科研机构协同发展的新材料产业创新发展体系。据统计，2017 年 1 ~ 11 月，中关村国家自主创新示范区规模以上企业中新材料及应用技术企业总收入 2883.7 亿元、同比增长 15.8%②。企业、高校与科研院所均在新材料产业创新领域有所建树，中国科学院半导体研究所和中国

① 北京市统计局国家统计局北京调查总队：《2017 年规模以上工业增加值增长 5.6%》，2018 年 1 月 19 日，见 http://www.bjstats.gov.cn/zxfb/201801/t20180119_391188.html。

② 北京市统计局：《2017 年 1—11 月中关村示范区规模（限额）以上企业收入情况》，2017 年 12 月 29 日，见 http://zfxxgk.beijing.gov.cn/110037/jdsj53/2018-01/02/content_c2cc98ac9ea84e2191f812a7507a32ba.shtml。

科学院大学共同承担的“5mm×5mm半导体金刚石衬底材料研制”课题通过验收，该课题成功缩小了我国与发达国家之间在半导体金刚石材料研究领域的差距；北京八亿时空液晶科技股份有限公司承担的“高性能FFS模式TFT-TV显示器用混合液晶材料的新技术应用示范”课题打破了少数国家对全球90%液晶材料的垄断局面；国家纳米中心、清华大学、同方威视技术股份有限公司联合开发的“基于纳米材料的太赫兹人物同检技术研究”项目通过验收，可作为取代X射线技术的安检成像技术。

二、质量品牌发展情况

（一）总体情况

北京市历来把质量品牌作为全市工业发展工作重点。2017年，北京市贯彻落实《中国制造2025》《质量发展纲要（2011—2020年）》和《〈中国制造2025〉北京行动纲要》等文件精神，加强对品牌质量的宏观管理，促进提升产品供给的质量，搭建质量品牌的公共服务平台，提升全市质量技术基础保障能力，大力推进工业品牌培育工作，同时开展创先争优和服务活动以及推进社会信用体系建设，有力扩大了北京工业品牌的社会影响。

2016年，北京市商标申请量为323578件，有效注册量为212709件，截至2016年底，北京市有效注册商标数量累计914672件，其中，商品类商标547404件，服务类商标367268件。四直辖市中，北京市的马德里国际商标注册数量为1442件，排名第一；全国范围内，北京市每万户市场主体累计拥有商标4591件，位居全国第一。在北京市政府政策的鼓舞和支持下，企业不断打造高质量品牌建设，拥有中国驰名商标229件，著名商标683件，比2015年增长3个百分点[①]。2017年，北京市商标申请量为490086件，同比增长51.46%，有效注册量为264231件，同比增长24.2%，截至2017年底，北京市有效注册商标量累计1141776件[②]。

---

① 北京市工商局：《市工商局发布2016年度北京市商标发展报告》，2017年4月24日，见http：//www.hd315.gov.cn/xxgk/jqdt/sjdt/201704/t20170424_1376322.htm。

② 工商总局商标局：《2017年截至第四季度末全国省、市、县的主要统计数据》，2018年1月11日，http：//sbj.saic.gov.cn/sbtj/201801/t20180115_271794.html。

（二）主要做法

1. 建设“中关村标准”品牌

2011 年，北京市在中关村开展标准创新试点工作，2017 年，国家技术标准创新基地（中关村）正式成立。近年来，中关村标准逐渐形成品牌，走出国门走向世界，品牌创建成果显著。2012 年，中关村科技园区管理委员会（中关村管委会）设立“中关村标准运行机制与实施方案研究”课题，打造中关村标准；2016 年 12 月，中关村标准化协会成立，旨在将“中关村标准”打造成为国际品牌。第一批“中关村标准”包括了智能交通、新能源技术、医疗健康、智能制造、新一代信息技术等领域。为引领辐射全球先进标准的创制与实施，北京市质量技术监督局与中关村管委会联合制定发布《中关村标准化行动计划（2016—2018 年）》。2007 年 4 月至 2017 年 4 月，10 年间中关村企业和产业联盟共创制国家标准 3670 项，国际标准达 229 项，行业标准 2484 项，团体标准 245 项，地方标准 220 项，累计标准 6603 项，其中北斗导航等新兴领域成为世界标准领跑者①。

2. 为质量品牌发展提供良好环境

依据《“十三五”国家战略性新兴产业发展规划》（国发〔2016〕67 号）、《北京市“十三五”时期现代产业发展和重点功能区建设规划》（京政发〔2017〕6 号）等国家和北京市发展战略、规划和政策，北京市质量技术监督局对《北京市重点发展的技术标准领域和重点标准方向》进行了修订。为贯彻落实《国务院办公厅关于印发消费品标准和质量提升规划（2016—2020 年）》以及《北京市消费品标准升级和质量提升规划（2016—2020 年）》的精神，北京市出台并实施《北京市贯彻质量发展纲要实施意见 2017 年行动计划》，对消费品标准升级重点项目及政策展开研究，引导和推动消费品质量提升。北京市质量技术监督局还发布《2017 年北京市地方标准制修订项目计划》《北京市开展企业产品和服务标准自我声明公开和监督制度的工作方案》《检验检测机构资质认定分类监管实施细则（试行）》，体现出北京市对发展品牌质量、树立行业标准方面的高度重视。

---

① 徐建华：《坚持首善标准全面深化改革提升供给质量》，2017 年 9 月 14 日，见 http：//epaper. cqn. com. cn/html/2017 - 09/14/content_ 94272. htm？ div = 1。

（三）重点领域

节能减排、绿色出行的理念已经深入人心，新能源汽车品牌早已进入大众的视野。北京现代汽车有限公司（以下简称“北京现代”）连续名列 J. D. Power 新车质量研究前茅，超过 800 万用户对北京现代给予良好评价，成为消费者最喜爱的汽车品牌之一。品质经营是北京现代始终秉承的理念，依靠高度自动化的生产流程与配套的质检体系确保每辆车的品质，继混合动力汽车取得成功之后，北京现代于 2017 年发布首款纯电动汽车，以布局新能源汽车领域。近年来，北汽福田汽车股份有限公司提供了多类新能源产品提升新能源汽车在北京公共交通系统的比重，占全部车型数量的 36%。引进“德国工业 4.0”体系，打造“福田汽车工业 4.0”，用高质量标准打造世界级品牌。北京新能源汽车股份有限公司在对质量严格把关，依靠核心技术提高品牌知名度的同时，重点建设售后服务品牌，2017 年 9 月，公司第三次获得新能源汽车用户满意度指数（CACSI）第一名。

三、知识产权发展情况

（一）总体情况

经过多年的积累与发展，北京市的知识产权建设成果常年处于全国领先水平，据《中国知识产权指数报告 2017》显示，北京的专利指数、商标指数以及总体排名均为第一，展现了北京市 2017 年在知识产权建设方面取得的成果。2017 年北京市每万人发明专利拥有量 93 件，技术合同成交额实现 4485.3 亿元①。为继续完善支持知识产权的相关政策体系，北京市政府、北京市知识产权局相继发布《北京市专利保护和促进条例》《北京市人民政府关于加快知识产权首善之区建设的实施意见》《北京市知识产权运营试点示范单位认定与管理办法》《北京市举报假冒专利行为奖励办法》《北京市专利资助金管理办法实施细则》等一系列文件，有力地保障了全市知识产权建设工作有条不紊地进行。

---

① 首都之窗：《2017 年北京市国民经济和社会发展主要计划指标完成情况》，2018 年 1 月 19 日，见 http://shipin.beijing.gov.cn/index.php? option = com_ content&id = 9252。

（二）主要做法

1. 大力发展知识产权服务业

2017 年，北京市委市政府高度重视知识产权服务业发展，制定出台了相关政策加以扶持，取得了显著成效。北京市加快科技创新发展高精尖产业系列政策中，《北京市加快科技创新发展科技服务业的指导意见》提出加快培育知识产权服务业；《北京市人民政府关于加快知识产权首善之区建设的实施意见》印发，中关村国家知识产权服务业集聚发展示范区成为重点建设任务；为促进中关村知识产权服务业的发展，北京市人民政府制定并出台《2016—2018 年中关村知识产权推进计划》《关于支持知识产权和标准化服务业在中关村示范区集聚创新发展的办法》等政策，明确了包括人才培养、资金补贴、优化知识产权保护环境、支持高端服务等在中关村聚集高端知识产权服务机构的具体措施。

2. 着力推动专利转移转化

北京市知识产权综合实力已连续八年稳居全国第一，知识产权运用能力显著增强，知识产权保护环境进一步优化，知识产权战略推进扎实有力，知识产权创造水平不断提升。为了发挥科教智力资源优势，提升高校和科研院所的知识产权转化率，降低企业"走出去"的知识产权风险，缩小知识产权保护水平与创新发展的要求，北京市知识产权局研究制定了《北京市重点产业专利创造指引》。2017 年 9 月，首次描绘我国技术转移体系建设蓝图的《国家技术转移体系建设方案》正式发布，为科技成果的转移转化设计出了一个体系框架，将现有工作与各个环节勾连起来，同时明确了促进科技成果转移转化的改革方向。为推动"三城"创新成果向"一区"转化落地，北京市经济和信息化委员会于 2017 年 7 月公开征集重大创新成果转化落地、产业创新集群建设、产业创新中心建设、企业技术中心创新能力提升 4 类项目。2017 年，北京举办"2017 全球知商（北京）高峰论坛"，组织"2017 年首都科技成果转移转化实训班"以及"2017 中国（北京）跨国技术转移大会"等活动，为科技成果的转移转化提供学习、交流、互动与互助的机会。

3. 知识产权重点发展工程全面建设

为促进京津冀知识产权协同发展，北京市参与设立了"京津冀协同创新科技成果转化创业投资基金”，对三地的科技成果转移转化予以支持；实施“三大科学城”知识产权发展促进工程，怀柔科学城南部规划出12平方公里的成果转化区，未来科学城集中推动中国商飞多电航电实验室、中国电信大数据研发中心等一批项目建设以促进成果的转移转化，中关村科学城建设成果转移转化平台、设立成果转化基金、整合成果转化和技术转移机制、引进高端科技项目；实施中关村国家自主创新示范区知识产权创新引领工程，上线中关村技术转移与知识产权服务平台，为企业、高校、科研院所、服务机构等开展科技成果转化提供了市场新通道；实施北京经济技术开发区知识产权支撑产业发展工程，发布《北京经济技术开发区科技创新专项资金管理办法》，促进、规范科技成果的转化；实施知识产权强区工程，大兴区举办知识产权观摩课，西城区知识产权局举办科技企业知识产权贯标培训，顺义区知识产权局多次开展专利执法检查，石景山区召开知识产权主题培训会，延庆区举办知识产权宣传活动等。

第二节　发展特点

一、汇聚资源，加大科技创新投入力度

为把握北京市科技创新中心的定位，近年来北京市出台多项政策法规以加快科研单位科技创新步伐、吸引科技创新人才入驻北京、加速科技创新成果转化落地，以独有的资源优势，将建设全国科技创新中心作为重点工作任务。北京拥有普通高等院校89所，中央和地方各类科研院所400余所，科技类企业40万家，经认定的国家高新技术企业12400家，研发人员约37万人，吸引“千人计划”人才1300余人，均处于全国领先水平。

2017年，北京市相继推出一系列务实管用的政策以推动全面创新改革试验的顺利进行，制定出台《关于支持和鼓励高校、科研机构等事业单位专业技术人员创新创业的实施意见》，为高层次人才留京提供了便利条件；成立北京市科技创新基金，为科技创新和成果转化提供引导；落地实施科研项目和

经费管理改革举措，加强对科研经费的管理；制定实施“京科九条”“京科十条”改革举措，完善科技成果转移转化机制。

二、“减”出高质量发展，构建“高精尖”体系

近年来，北京市放弃集聚资源求增长和“大而全”的工业体系，构建“高精尖”经济结构，推动经济发展由“量变”转为“质变”。首都的实体经济、科技创新、现代金融、人力资源协同发展体系加速建设，实现科技创新的高质量发展。相继发布《关于财政支持疏解非首都功能构建高精尖经济结构的意见》《北京市推广应用新能源商用车管理办法》《北京高等学校卓越青年科学家计划管理办法》《北京“高精尖”产业活动类别（试行）》《北京高精尖产业设计中心认定管理办法》等文件，指导北京市高精尖产业的建设。2017 年，高技术制造业、战略性新兴产业工业增加值分别增长 13.6% 和 12.1%，1～11 月，中关村整体示范区六大高新技术领域均有良好发展（见表 8－1），共实现总收入 32179.7 亿元，比上年同期增长 14.7%。

表 8－1　2017 年 1～11 月中关村整体示范区六大高新技术领域收入情况

高新技术领域	收入同比增长
先进制造	20.0%
新材料及应用技术	15.8%
电子与信息	14.4%
环境保护	13.3%
新能源与高效节能技术	10.6%
生物工程和新医药	10.1%

资料来源：赛迪智库整理，2018 年 1 月。

三、以首都为中心，协同京津冀共同发展

2013—2016 年，京津冀协同发展战略快速向前发展，北京作为三地中心，积极加强全国科技创新中心的建设，带领三地创新共同体协同发展、稳步前进，从构想变为现实，并初见成效。

北京市发挥其独有的创新资源优势以及高精尖优势产业，帮助河北和天

津地区在科技创新领域加快行动。例如，北京市推动三地建立成果转化对接与技术转移转让绿色通道、参与设立京津冀协同创新科技成果转化创业投资基金，促进成果转化与推广；以中关村为引领，带动三地协同发展，2016 年中关村在津冀设分支机构同比增长 17%；北京市科学技术研究院牵头组建京津冀科研院所联盟，搭建科技创新共享平台，从空间上整合资源；北京市通州区、天津市武清区、河北省廊坊市（简称“通武廊”）三地人才服务绿卡发放，为京津冀三地有效输入人才。

北京市积极利用河北和天津两地区的优势产业，弥补本地科技创新短板，如“京津冀钢铁行业节能减排产业技术创新联盟”由京津冀三地科技管理部门联合支持成立，同时三地还发起设立京津冀钢铁行业节能减排创新基金，共建“京津冀钢铁联盟（迁安）协同创新研究院”等。

第三节 典型案例

一、北京新能源汽车股份有限公司：创新驱动，争做行业排头兵

（一）纯电汽车国内排头兵

北京汽车集团有限公司（北汽集团）旗下的新能源公司——北京新能源汽车股份有限公司（以下简称北汽新能源）成立于 2009 年，在国内纯电动乘用车行业中，北汽新能源的产业规模最大、产业链最完整、市场销量最大、用户覆盖面最广、品牌影响力最大。北京新能源在国内最先获得新能源汽车生产资质、最先进行混合所有制改造、最先践行国有控股企业员工持股，是制造型企业转型升级、国有企业改革创新的典范。“技术为核心”是北汽新能源的发展路线，纯电动汽车领域，凭借其新能源核心技术，推出了六大系列 EU、EH、EV、EX、LITE、EC 车型，共 10 余款纯电动乘用车，是目前中国新能源市场上产品谱系最长的新能源汽车企业。2013—2017 年，北汽新能源已经连续 5 年成为中国纯电动汽车市场销量第一名，市场保有量接近 15 万辆，在国内“10 万俱乐部”的企业中，北汽新能源是首家汽车企业。截至

2017 年 10 月，公司所有产品行程已达 152000 万公里，相当于种植 92 万棵树木、直接减少 23.6 万吨碳排放。北汽新能源自建公共桩 10991 个，自建私人桩 29142 个，服务站点建设超过 225 家。

北汽新能源是智能绿色出行领航者，2015 年 4 月与百度战略合作打造出了无人驾驶汽车，搭载“i－drive 智能驾驶驱动技术”，首次将行业顶级科技“L4 级真无人驾驶”技术进行应用。北汽新能源和北京联合大学开发的 EX260“京龙 5 号”智能无人驾驶车在世界智能驾驶挑战赛（WIDC）上荣获“领先奖”“应用奖”和“最佳信号识别奖”三项大奖。

（二）整合优势技术资源开展科技创新

2017 年 9 月，已拥有海外五国七地研发中心的北汽新能源在北京经济技术开发区亦庄新城建成其全球研发、营销和运营总部——科技创新中心，取名中国蓝谷（简称蓝谷）。蓝谷占地 109852 平方米，包含整车中心、电池工程中心、电驱动工程中心、智能网联工程中心、轻量化中心、验证中心、大数据中心、设计中心、众创中心九大研发中心，是一个集科技、生态、共享于一体的世界级新能源汽车科技创新中心。

作为国家重点发展的高精尖行业，北汽新能源积极响应政府号召，全力以赴开展科技创新工作，取得了显著的成果。北汽新能源与北京理工大学、清华大学、中国科学院等研究机构共同成立了国家级电动汽车研发中心，整合优势技术资源，其电池系统、轻量化系统、驱动系统、动力性能、智能系统、车联网系统均为国内领先水平，部分技术已达到国际一流水平。

吸引人才方面，北汽新能源通过科研院所、自主培养、海外引进、行业精英四个途径聚集国际化高端人才，打造新能源人才高地。经营模式方面，施行“轻、众、快、准”的经营模式，通过整合资源、内部代工，实现投资与成本的大幅降低，以用户参与、开放设计、个性化定制的交互体系取代传统封闭的开发模式，紧跟用户需求，实现快速迭代开发，充分利用 O2O 模式，实现高达 40% 线上引流比例。

党建方面，北汽新能源施行由“基层党建”“产业园区 1＋N”“普遍服务”“传统传递”分别向“平台党建”“产业集群 1＋N”“精准服务”“智能互联”升级，由传统型党建、教育管理、重干事轻研究、依托行政设置、设岗定责，向活力型党建、教育管理＋服务、研究与干事并重、行政设置与项目设置并重、主动创新转型，建设全员传播工程、全员经销工程、全员素质工程、全员质量工程、全员创新工程、全员关怀工程六大工程。

二、神华集团有限责任公司：创建世界一流的煤炭综合能源企业创新体系

作为“创新驱动型”企业，神华集团有限责任公司（以下简称神华集团）以企业创新为主体，结合产学研，逐步健全创新体系，培育创新队伍，加大创新投入，开展管理创新、技术创新、制度创新，持续提高驱动创新“引领行业科技进步、支撑神华科学发展、增强国家科技竞争力”的能力，为打造世界顶级煤炭综合能源企业的发展提供动力支撑。

（一）完善创新体系

神华集团不断充实专家库和神华专家咨询委员，完善技术委员会，在多方面打造自己的核心研发团队，扩大博士后规模。制定了《神华集团“十三五”科技发展规划》《神华集团公司能源技术革命创新行动计划（2016—2030年）》，明确了科技创新的总体发展战略和主要任务目标，合理布局支撑转型发展的科技研发领域和方向，有力推进清洁能源发展战略实施。

（二）保护知识产权、提升技术标准

知识产权保护方面，神华集团不断完善知识产权战略，与此同时，健全相关的工作机制和制度，充分管理与保护知识产权；努力提高企业的专利实施率，推进知识产权成果的资本化运作，加快知识产权成果的转化与应用；在煤制油（煤化工）领域，专利申请的工作力度尤其加大，有效地保护了专利。制定行业标准方面，神华集团在煤电油运领域进一步规范技术行为，积极参与制定国家标准、国际标准、行业标准，提升其在国际、国家和行业标准化组织中的话语权，由神华集团主持制定的《费托合成水中有机酸、醇、醛、酮的测定》《煤直接液化残渣组分分析快速溶剂萃取法》两项行业标准发布实施，参与制定的《塑料聚甲醛（POM）模塑和挤塑材料第3部分：通用产品要求》已被国家标准认可，牵头的《煤炭行业绿色矿山建设规划编制基本要求》等六个标准列入2016年度国家能源标准制修订计划。

（三）加快转化科技成果，投入产出再投入良性循环

神华集团积极关注国际重点领域的科技发展，如电力、煤炭、港口、公路、石油等，对国外的先进技术，神华集团积极引进、消化、吸收，并在此基础上继续创新；加强引进、消化、吸收和推广应用实用性科技项目的研究和新技术成果，加速转化科技成果为生产力；对先进技术推广工作中所需要的设备经费和项目经费给予优先安排；积极对项目进行评估，在科研经费支持、新项目立项、年度考核等方面，惩罚生产力转化不及时的单位。

第九章　江苏省工业技术创新发展状况

为推动经济由高速发展转变为高质量发展，江苏省以新动能置换旧动能，依靠科技创新驱动经济发展，全面建设知识产权强省，努力提升自主品牌影响力。工业技术创新不断加速，知识产权密集型产业不断发展，省专利申请、授权数持续增长。鼓励小型企业运用知识产权向高新技术领域迈进，实现全省经济结构转型。协助企业进行品牌宣传，帮助企业打造高端品牌，省内驰名商标数目持续增加，江苏品牌逐步建立。以制造业为主的传统支柱产业如机械、化工、纺织、电子等行业科技创新蓬勃发展，品牌质量不断提高，同时推动机器人、新能源、生物医药等新兴产业的知识产权保护工作，保证其健康快速发展。2017 年，江苏省经济发展稳中向好，地区生产总值增速 7.2%，高于全国平均增速，无论是供给侧还是需求侧指标均稳中有升。

第一节　发展回顾

2017 年，江苏省规模以上工业增加值同比增长 7.5%，其中，轻工业增长 8.6%，重工业增长 6.9%。分行业看，通用设备制造业增长 14%，电气机械和器材制造业增长 14.1%，医药制造业增长 14.6%，计算机、通信和其他电子设备制造业增长 14.9%，专用设备制造业增长 15.3%，仪器仪表制造业增长 15.7%。全年太阳能电池增长 25.9%，智能手机增长 26.4%，光纤增长 42.4%，服务器增长 54.2%，新能源汽车增长 59%，3D 打印设备增长 77.8%，工业机器人产量增长 99.6%①。

① 江苏省统计局　国家统计局江苏调查总队：《2017 年江苏经济平稳健康发展》，2018 年 1 月 26 日，见 http://tj.jiangsu.gov.cn/art/2018/1/26/art_4031_7434775.html。

一、技术创新发展情况

（一）总体情况

自2008年江苏省力压上海成为全国创新能力排名第一以来，已经连续9年稳居冠军宝座。2017年，江苏省的知识创造、知识获取能力依然强势，但在企业创新、创新环境和创新绩效方面逊于广州，国内技术成交额下降41.47%、国外技术引进额下降20.35%、每个企业平均引进额下降19.94%，综合创新能力得分53.30，以微弱的劣势屈居第二，排在广东之后，未能实现10连冠①。

（二）主要做法

1. 实施“千人万企”“百院百校”科技政策服务行动

江苏省针对不同主体分层分类加强科技政策落实服务，建立了科技政策服务网络平台，完善科技政策宣讲团、科技政策辅导员、科技政策咨询团、科技政策专员队伍，开展了形式多样的政策培训宣讲活动，形成了科技政策服务工作体系，构建了创新生态系统，基本实现大中型工业企业与高新技术企业、主要高校与科研院所、高新区以及国家与省级众创空间的“四个全覆盖”，形成了充满活力的创新政策环境。

实施“千人万企”科技政策服务行动。完善企业科技政策辅导员队伍，组织1000名以上工作人员担任科技政策辅导员，积极开展宣传辅导活动，及时传递科技政策相关信息和动态，调查分析热点难点问题，总结好做法好经验，反馈落实情况和基层政策诉求；对不同类型企业政策的需求提出相应的创新工作方法，侧重初创期企业的商事制度政策和市场准入服务政策，帮助成长型企业做好产学研对接和成果转化政策服务，帮助成熟企业落实研发机构奖补政策；协助做好科技税收政策落实工作，与税务部门对接了解企业情况，积极落实一系列惠企科技税收政策。

启动“百院百校”科技政策服务行动。建立服务于高校院所的科技政策专员队伍，向院系传达最新的政策精神，积极反馈落实情况以及广大科研人

① 朱丽：《中国区域创新综合能力排名大变！江苏9年盟主地位今被广东取代丨周末特别策划》，2017年11月25日，见 http：//www. jfdaily. com/news/detail？ id =72132。

员的呼声和需求，认真分析遇到的热点难点问题；推动落实各项创新创业政策，助推科研人员轻装上阵，在下放科技成果收益权、使用权和处置权以及帮助协调落实离岗创业、成果处置、科研经费管理改革等方面发展创新；做好高校院所改革工作，积极与有关部门沟通协调，逐步扩大高校院所的自主权，充分释放高校院所的创新活力。

2. “小升高”，强化高新技术企业源头培育

2016 年，江苏省发布《省政府关于加快推进产业科技创新中心和创新型省份建设若干政策措施的通知》（苏政发〔2016〕107 号），加快培育高新技术企业，着力打造以高新技术企业为主体的创新型企业集群。2017 年江苏省发布《江苏省高新技术企业培育“小升高”计划》（苏科高发〔2017〕269 号），对入库培育企业给予专项支持、创新支撑、融资扶持，建设创新创业载体、高新技术企业培育基地。发布《江苏省专精特新产品和科技小巨人企业培育实施意见（2017—2020 年）》（苏中小科技〔2017〕185 号），对符合“升级科技小巨人企业”条件的，加大政府政策扶持力度、加强对企业的精准服务以及经验推广，有力推进中小企业“专精特性”发展。

3. 搭建平台，吸纳创新人才

为吸引全球高端人才入驻江苏，为江苏省的科技创新事业献计献策，江苏省政府先后发布《江苏省“十三五”科技创新规划》《江苏省“十三五”人才发展规划》及《江苏省“十三五”科技人才发展规划》一系列人才发展规划，为培育人才、汇聚人才提供政策支持，加大科研人员对科研经费的自主权和成果转化的收益，减免相关的税收费用，完善分类评价机制。南京信息职业技术学院于 2017 年 5 月联手阿里巴巴、知途教育共同创建大数据学院，6 月联合上海 ABB 工程有限公司以及江苏华航威泰机器人科技有限公司共同打造机器人“产教融合”人才培养模式，9 月成为“腾讯云创新创业人才培养基地”共建单位；10 月，江苏省举办第六届信息安全技能竞赛，同月启动“英才名匠”产业人才培训计划。

（三）重点领域

1. 电子信息产业

江苏省电子信息行业发展活跃。2017 年上半年，主营业务收入达

17452.3亿元，同比增长11.4%，增速比上年同期上升3.8%。全行业共实现出口交货值6435亿元，同比上升10.2%，比上年同期提升了8.2%，实现内销产值为11112亿元，同比增长13%，处于全国领先地位（表9－1）①。

表9－1　2017年上半年江苏省电子信息产业重点行业产量

电子信息产业重点行业	产量（万台/万块）	增长率（%）
数码相机	483.0	46.3
集成电路	2500000.0	19.2
半导体分立器件	10680000.0	16.5
微机	2564.0	10.0
手机	2848.0	8.5

资料来源：赛迪智库整理，2018年1月。

行业具体发展方面，无锡睿思凯科技股份有限公司在第六届中国创新创业大赛电子信息行业总决赛中荣获一等奖；华中科技大学苏州脑空间信息研究院研发的高速成像系统能够实现高通量、快速全脑成像，为神经生物学家研究大脑中神经元提供帮助；江苏省经信委组织的专家组验收宁苏量子干线，标志着全球首条相位编码长距离广域商用量子干线正式开通；南京市与中国科学院共建移动通信创新研究院，着力打造计算技术创新中心和产业引领中心；科沃斯机器人科技（苏州）有限公司（科沃斯机器人）将企业专有云与阿里云的公共云连接，实现“上云”重构制造业生态；无锡市上线“吾锡网”云平台，为外界人士回苏发展建设提供优质平台服务；高性能同轴宽带接入技术（HINOC）试验成功，该技术可媲美“光纤入户”，标志我国有线电视网有望摆脱依赖技术引进的局面；南京理工大学牵头搭建首家高校知识产权“电商”平台，实现研发与需求、技术与资本、科技与产业的有机结合。

2. 物联网产业

2016年，江苏省物联网产业业务收入达4610亿元，年均增长28%，形成了以无锡为核心、苏州和南京为两翼的多元物联网产业布局。江苏省自“十二五”以来参与起草制定的物联网国际标准达20多项、国家标准和行业标准

① 江苏省经济和信息化委员会：《2017上半年全省电子信息行业发展情况》，2017年8月3日，见http：//www.jseic.gov.cn/xxgkjxw/xxgkjxwlm/201708/t20170814_211824.html。

70多项，省内国家级物联网及相关领域研发机构达30多家，50余所高校、科研机构在江苏设立研发中心。2017年9月，2017年世界物联网博览会在无锡召开，为江苏省物联网产业的发展聚合资源、共谋发展；无锡市的物联网投资基金已达100亿元，物联网连接制造和互联网，使生产流程得到优化，；老牌制衣企业红豆采用3D量体裁衣技术为顾客定制服装，极大地提高了生产效率，物联网将私人订制与大规模的生产结合在一起；江苏铁塔公司开放10多万座铁塔基站资源，全力推动社会共享与行业共享。

二、质量品牌发展情况

（一）总体情况

江苏省历来注重品牌建设，各类商标拥有数量以及质量均位居全国前列，其中驰名商标总量位居全国第三（见表9－2）。目前江苏省有364家上市企业，其中241家为科技型创新企业，这些企业努力运用科技手段进行转型升级，加大科研投入力度，研发投入经费占销售3.5%以上，研发人员占从业人员18.2%。

表9－2　截至2016年底江苏省商标拥有情况

商标种类	件数
注册商标	740000
地理标志商标	253
省著名商标	4616
驰名商标	710

资料来源：赛迪智库整理，2018年1月。

（二）主要做法

1. 政策引导江苏品牌向高端迈进

2017年，江苏省将品牌建设工作的重点放在推进品牌高端化、自主化、国际化、集聚化、体系化以及法治化上，在“全国市场排名领先的高端制造品牌”和“与国内外知名品牌同标同质的日用消费品品牌”中各遴选50个江苏品牌继续打造“江苏名牌”，以推动江苏品牌走向中高端，依靠品牌升级带动产业升级。在江苏省商标战略实施工作领导小组办公室、江苏省工商局联合南京理工大学知识产权学院联合发布的《江苏省区域商标品牌发展指数报告（2017）》中，对全省各市的品牌工作提出了指导意见和建议，为品牌发展指明了方向。

2. 政府助力企业进行品牌建设与传播

为提升自主品牌影响力，助推企业弘扬品牌文化，打造品牌强省，江苏省自2014年以来连续四年开展以“强化品牌宣传、展示品牌形象，促进品牌培育，带动品牌经济”为主题的“自主工业品牌五十强”宣传活动，遴选出省内经济效益好、创新能力强、品牌质量管理体系健全的工业企业，宣传其品牌培育经验。

3. 积极培育人才，提升企业品牌发展软实力

江苏省积极培育品牌服务人才，通过对省内人才的培育和对省外人才的引进扩充企业高端人才队伍。2017年2月，江苏省经济和信息化委员会发布《江苏省“十三五”企业经营管理人才发展规划》，实施“双创计划”“科技型企业家培育工程”以及“育鹰计划”等重点项目，开展高端研修班、管理提升班等品牌培训工作，为人才的引进完善配套设施；8月，江苏省工商局联合浙江大学举办广告人才培训班，为品牌建设培育人才。

（三）重点领域

1. 打造装备制造业高端品牌

根据《江苏省国民经济和社会发展第十三个五年规划纲要》的要求，江苏省着力于实现由装备制造大省向装备制造强省的转变，努力推动企业转型升级，优化产业结构与产业布局，完善创新体系，加大资源整合力度，提升装备制造业品牌知名度。徐州工程机械集团有限公司（徐工集团）以卓越的品质打造全球信赖的工程机械品牌，通过技术创新与体系创新，突破核心技术壁垒，布局全球，成为世界工程机械行业排名第5位的企业；江苏扬力集团有限公司（扬力集团）实施追求“品种、品质、品位”的发展战略，依靠质量管理体系，打造精品工程，建立严密的质量控制体系，成为具有自主品牌特色的领军企业；无锡贝斯特精机股份有限公司采用先进标准，精益求精制造优质产品，建设全国知名品牌。

2. 提升电子信息产业品牌影响力

近年来，江苏省大力推进电子信息产业的转型升级，扶持中小企业开发自主品牌，鼓励驰名商标继续扩大品牌影响力。苏州腾晖光伏技术有限公司是国内光伏行业中唯一通过 VDE（Verband Deutscher Elektrotechniker，德国电气工程师协会）生产过程质量认证企业，自主建立 4000 平方米的研发基地，广纳人才，成为国内光伏品牌第一；通鼎集团有限公司自主研发多项国家级、省级项目，提升品牌核心竞争力，成为国内光缆行业领军企业；亨通集团有限公司通过战略、人才、技术、机制、资本“五位一体”的创新生态体系，引领行业进入智能制造，荣获中国工业大奖，并使品牌踏出国门，走向世界。

三、知识产权发展情况

（一）总体情况

江苏省积极贯彻实践党的十九大精神关于落实知识产权强国建设的要求，根据引领型知识产权强省的建设目标和任务，进一步强化政府的政策支撑。大力培育核心专利，实施专利质量提升工程，对航空航天、信息通信、核能、高铁等高端领域的核心技术拥有自主知识产权；持续提升审查质量的社会满意度，逐步显现申请质量的正向传导作用；对专利评价质量导向强化进行强化，严格考核专利质量。2017 年 1～11 月，江苏省专利申请量达 46 万件，发明专利授权量占比提升 1.33%；每万人口发明专利拥有量达 22.10 件，增长了 22.23 个百分点。

（二）主要做法

1. 大力发展知识产权密集型产业

江苏省是最先开展培育知识产权密集型企业和产业工作的省份，已在南京软件谷、无锡（太湖）科技园、苏州工业园区等 11 个产业集聚区实施新兴产业知识产权集群管理试点。2017 年，江苏省贯彻落实《国务院关于新形势下加快知识产权强国建设的若干意见》和《中共江苏省委江苏省人民政府关于加快建设知识产权强省的意见》的要求，积极培育知识产权密集型产业，引导社会资本参与配置知识要素。江苏省知识产权密集型产业数量历年来稳步提升（表 9－3），2016 年，知识产权密集型产业的从业人员数为 599.93 万人，增加值为24427.07亿元。数据显示，江苏省知识产权密集型产业以全省12.61%的就业人员创造了全省32.10%的GDP①。

表9－3　2016年江苏知识产权密集型产业发展状况

产业类型	个数
知识产权密集型产业	102
专利密集型产业	33
商标密集型产业	35
版权密集型产业	51
同时为专利密集型和商标密集型产业	17

资料来源：赛迪智库整理，2018年1月。

2. 坚持企业主体，加快推动知识产权价值实现

江苏实施知识产权强企行动，着力提升企业的知识产权运用能力；实现国家知识产权运营公共服务平台、江苏国际知识产权运营交易中心、省技术产权交易市场的数据互通和资源共享，签约运作总规模10亿元的产业知识产权运营基金，率先发展中高知识产权运营交易平台等专业运营机构，日趋完善"一中心、一基金、一网络"的知识产权运营体系。同时，创新知识产权金融机制，建立"银行＋平台＋担保"融资新模式，打造"互联网＋知识产权＋金融"公共服务平台，为企业知识产权价值转化提供了一条新路径。

3. 加强知识产权保护，严厉打击侵权行为

2017年，根据《关于知识产权强省建设的若干政策措施》，江苏省加大对知识产权的保护力度，把严格知识产权保护作为知识产权工作的重中之重。4月，召开江苏省知识产权执法维权"护航""闪电"专项行动新闻发布会，旨在通过"护航"和"闪电"专项行动优化知识产权法治环境，完善执法行动与司法保护的衔接，全面加强专利行政执法工作的制度化、常态化、规范化建设。泰州市发布《关于申报2017年泰州市"正版正货"承诺推进计划项

① 江苏省知识产权局：《江苏省知识产权密集型产业统计报告2017》，2017年12月28日，见http：//www.sipo.gov.cn/zlssbgs/dfdt/201712/t20171208_1321024.html。

目的通知》，公布5个“正版正货”示范创建街区项目承担单位以及29家泰州市“正版正货”承诺试点单位；打击盗版侵权行为，在南京中医药大学泰州翰林学院集中销毁各类盗版软件、盗版音像制品，以及电子出版物、非法书报刊等53.3万张（册），同时开展“绿书签2017”系列宣传活动和“拒绝盗版、保护知识产权”现场签名活动。扬州市印发《2017年扬州启动打击侵犯知识产权和制售假冒伪劣商品工作任务分解表》，从19个方面全力打击各类侵犯知识产权行为。

（三）重点领域

1. 加强传统支柱产业知识产权资源投入

江苏省历来重视电子、机械、化工、纺织、造船等本省支柱产业的知识产权发展。2017年8月，举办省企业知识产权战略推进计划重点项目南京示范现场会，指导企业提升知识产权战略运用意识，会上传统支柱产业代表企业苏交科集团股份有限公司、南京康尼机电股份有限公司分享了各自实施知识产权战略的主要做法和成效。10月，江苏省、昆山市知识产权局领导、南京理工大学教授以及相关领域专家验收江苏天瑞仪器股份有限公司（天瑞仪器）的“省知识产权战略推进计划重点项目”，该项目进一步强化了企业对知识产权的运用，规范了天瑞仪器知识产权管理流程，企业在知识产权的创造、管理、运用、保护等方面均得到了提升。

2. 推动新兴产业知识产权布局

2017年初，江苏省在2016年战略性新兴产业专利预警分析工作的基础上新加入10个技术领域，帮助新兴产业规避专利风险。在江苏省2017年知识产权执法维权专项行动新闻发布会上，新兴产业的产品成为“护航”行动的重点工作目标。在省、市政府相关部门的帮助下，江苏省众多新兴产业企业在2017年积极进行知识产权布局，自2016年以来，已组建17家高价值专利培育示范中心，形成了服务机构与创新主体深入融合的培育机制。中天科技集团首创“知识产权银行”，有效激发员工创新热情，截至2017年11月，中天科技集团提交专利申请1869件，保持年增长量30%以上；科沃斯机器人公司形成了以中国本部为核心，德国、美国、日本多分部协同的研发体系，共推出1000多件专利申请。

3. 严格保护文化产业知识产权，提升文化产业版权影响力

文化产业的知识产权较为“脆弱”，容易受到盗版、抄袭等行为的侵害。在《江苏省“十三五”知识产权发展规划》中，一方面，将提高文化产业的版权影响力作为工作重点，加快南京、苏州、无锡、常州等地的数字出版基地、动漫产业基地、软件产业园、文化创意产业园的建设，提升文化产业的核心竞争力；另一方面，重视文化产业知识产权的保护工作，加大文化制品知识产权的执法力度，打击盗版资源，集中销毁各类非法音像制品，为文化产业知识产权发展提供健康环境。

第二节　发展特点

一、创新驱动加快制造业转型升级

江苏制造最早以成为欧美日跨国企业主要的代工厂而起步，形成基于加入全球价值链制造业出口导向发展模式，这种发展模式既为江苏带来了机遇与繁荣，也带来了相应的挑战。近年来，江苏省通过创新驱动加快制造业转型升级，制造业转变为基于内需的、以我为主的全球价值链，极大地振兴了制造业的发展。加大开放力度，聚集全球资源，260 多家德资企业入驻苏州太仓市；好孩子集团公司在巴黎等地设立研发中心数量达 7 个，红豆集团有限公司在柬埔寨设立开发园区；加大科技创新力度，努力发展核心竞争力，常州市现已形成包括轨道交通、汽车及零部件在内的“十大产业链”，在常州市投产的小米米家电动滑板车上榜福布斯中国成长最快科技公司，莱克电气股份有限公司已拥有授权专利千余项，苏州盛虹控股集团大量引入智能车间，苏州工业园纳米技术应用等新兴产业崛起。

二、高水平推进引领型知识产权强省建设

江苏省 2017 年坚持稳中求进总基调，充分发挥知识产权在供给侧结构性改革中的作用，围绕“两聚一高”新要求提升知识产权贡献度，以改革创新

激发知识产权发展的活力。截至 2017 年 12 月，江苏省知识产权服务机构已达 1800 余家，其中专利代理机构数量增至 281 家，执业专利代理人增至 1081 人，专利代理行业实现营业收入 5 亿元以上。根据《江苏省“十三五”知识产权服务业发展规划》部署，预计至 2020 年，江苏省从事知识产权代理、策划、法律服务的人才达 4.4 万人，培育知识产权服务品牌机构 20 家，建成 2 ~ 3 个国家级、5 ~ 8 个省级知识产权服务业集聚区。

三、大力实施商标品牌战略

江苏省历来重视商标品牌在经济发展过程中的作用，以品牌发展作为经济转型和企业发展的助推器。2017 年 2 月，江苏省工商局制定《江苏省商标品牌战略三年推进计划（2017—2019）》，以进一步发挥商标品牌的引领作用，加大商标品牌的战略推进力度。2017 年，江苏省通过开展培训宣传、评选表彰、督查考核等措施，着力推进自主品牌发展，通过政策扶持与资源优势打造并汇聚高端品牌，为品牌发展提供有效保护与支持，着力建设品牌服务体系，将品牌推向国际，以品牌升级带动整个产业升级。

第三节　典型案例

一、红豆集团有限公司：智慧红豆，建设国际化自主品牌

红豆集团有限公司（以下简称红豆集团）创建于 1957 年，在创建后的近 30 年间，企业发展遇到困难，直到 1983 年逐渐走出困境，2001 年“红豆股份”在上交所交易，企业开启资本经营模式，到如今红豆集团不断发展壮大，2017 年 6 月，红豆品牌在世界品牌实验室公布的中国 500 最具价值品牌排行榜中排名 84 位。在发展过程中，红豆集团实施企业转型升级战略，重点建设企业品牌，多元化发展企业产业，由针织内衣逐步发展为集纺织服装、红豆杉大健康、橡胶轮胎、商业地产为一体的综合性集团，拥有十多家子公司，其中包括一家新三板挂牌创新层企业和两家主板上市公司。红豆集团在中国

民营企业500强中位列64位，同时也是国务院120家深化改革试点企业之一以及国家工商总局认定的商标战略实施示范企业，红豆集团在柬埔寨拥有11.13平方公里的经济特区以及境外各国的分公司办事处，拥有自主品牌“红豆”“千里马”“HOdo”等中国驰名商标。自成立以来，红豆集团荣获国家级荣誉超过500项，2007年企业通过“CSC9000T企业社会责任”认证，“红豆”品牌荣获中国服装行业成就大奖；2009年荣获“2009年度全国纺织实施卓越绩效模式先进企业”；2011年红豆品牌获得“CCTV中国年度品牌”；2012年红豆集团技术中心被评为国家级技术中心；2014年红豆品牌荣获品牌中国“华谱奖”。

（一）实施智慧红豆战略，推动高质量发展

近年来，红豆集团坚持智慧化改造实体企业，加速转型升级，积极借助互联网、物联网等技术手段进行全面改造、转型、升级，加快品牌连锁专卖网络体系建设。2014年11月，红豆集团被工业和信息化部批准成为移动通信转售业务试点。作为国家“两化深度融合”示范企业，移动转售业务的开展带动了红豆集团的企业信息化，进一步实现智慧红豆的长远发展目标。伴随着互联网一体化升级的要求，红豆集团加大信息化投入、加快引进人才，实施智慧红豆战略，推进“质量发展”，使企业迈向高质量发展新阶段，2016年6月，红豆集团发展“智慧创造运营”新模式，南京溧水店开业，成为红豆男装首家智慧门店，11月，物联网事业部成立。智慧红豆战略突破口为全网销售，红豆集团之前便打破单一的线下营销模式，规划布局全网销售模式，实现了全渠道和全网络的营销。同时，有效融合线上网店、微商、红豆商城、APP等各类营销渠道，实现线上线下订单、电商平台、微营销系统、APP等全渠道的对接，全网销售的网络商业模式形成。通过全网营销的模式，智慧应用得以贯穿于有效管理客户信息之中，使得二次营销及再次营销轻松实现，全供应链与全储物流协调运行，有效地降低了运营管理成本，弥补了线下营销的短板，销售业绩显著提升。2017年1—6月，红豆股份净利同比增长759%。

（二）加强品牌塑造，打造国际品牌

品牌建设方面，对品牌建设的追求使得红豆集团成为国际名牌。红豆集

团先后在54个国家和地区完成商标注册，在34大类以及8大类服务性产品上注册商标。红豆集团在全国最早设立了专门进行商标管理和维护的商标科，集团共注册商标（包括保护性商标）300多件。红豆集团始终致力于打造中国服装自主品牌，推行自主创新、自主品牌、自主资本的发展战略，将自主创新应用于产业链的所有环节。从2008年开始，红豆男装进行转型升级，专门引进国际一流的设计团队和商品企划团队协助品牌建设，成功开发出衬衫、西服、七彩系列等创新产品。目前，“红豆”品牌旗下拥有“红豆居家”“红豆男装”“小红豆童装”“红豆家纺”“红豆万花城”“红豆杉”等连锁品牌，形成了红豆自主品牌树。红豆人认为：品牌的一半是文化，一半是技术。红豆集团历来重视技术创新，在企业发展初期便设立了技术科，成功开发尼龙衫、B衫、珍珠衫、护士衫、雪花衫等畅销产品，1992年《新闻联播》的主持人穿上了红豆衫走进演播厅。红豆集团不断提高产品科技含量，“红豆绒超柔吸湿发热功能面料”获得发明专利，并不断改善面料的吸湿性、柔软性、保暖性。2017年，红豆居家推出抗菌保健功能面料，该面料由红豆杉纤维制成，实践证明，经过50次洗涤后红豆杉面料的抑菌率仍然达80%以上。

二、恩华药业股份有限公司：供给侧结构性改革先锋

江苏恩华药业股份有限公司（以下简称恩华药业）是国家高新技术企业、国家技术创新示范企业、国家医药百强企业、国家精神类药品定点生产单位、国家知识产权示范单位，建于1978年，经营30年后在深圳证券交易所上市。恩华药业是一家专注于中枢神经药物细分市场的企业，致力于中枢神经药物的研究，主要产品为中枢神经系统用药，同时对麻醉类、精神类和神经类药物进行开发、生产和销售。恩华药业在多年的发展中逐渐成为重要的中枢神经系统药物的销售商和生产商，并建立起完整的营销网络和产品系列，涵盖中枢神经系统药物等产品。同时，心脑血管产品也是公司的研究内容，包括具有全新的化学结构和作用机理的国家一类抗高血压新药埃他卡林，公司正逐步进军治疗心脑血管疾病类药物的市场。恩华药业拥有三个原料药和制剂药物生产基地，均为大型医药GMP（药品生产质量管理规范）生产基地，占地面积超过900亩，企业拥有冻干粉针剂、固体制剂等车间，拥有自动化的

片剂、胶囊剂等十余条生产线。目前拥有300吨/年原料药33种，西药制剂100余种，生产规模不断扩大，实现针剂产量1亿支/年、固体制剂产量30亿片（粒）/年。恩华集团注重环境保护和节能降耗，而且已通过ISO 14000国际环境认证，正在进行欧盟EDMF（European Drug Master File，欧洲药物档案）及FDA（Food and Drug Administration，美国食品药品监督管理局）认证，大力发展原料药出口业务，努力在国际市场取得一席之地。

（一）部署经营策略，积极应对行业困难

2017年，在医药行业出现医药营销环境更加苛刻、研发报批要求不断提高、生产成本急剧增长的困难局面下，恩华药业采用创新驱动、持续聚焦、纵向发展的经营策略积极应对。创新驱动方面，恩华药业把创新驱动作为公司发展的灵魂，以开放的心态和胸怀实施公司的创新发展战略；加快人才引进计划，同时注重内部培养，坚持靠人才推动企业发展，注重技术创新与新产品开发，拥有省级工程技术研究中心、由国家认定的企业技术中心，设有国家博士后创新中心，以及企业院士、博士后工作站。持续聚焦方面，恩华药业资源投入优势领域，成为中国中枢神经领域排头兵，不断扩大研发队伍规模；以安全、质量、环保、不断货作为核心工作，加快一致性评价工作，确保工作按时完成，降低生产本，提高自动化运营程度，逐渐实现机器人代替人工生产；持续聚焦中枢神经领域，降低营销费用，同时充分改善当前营销模式的不可持续性，转换营销模式；坚定不移地推进企业国际化，完成制定的目标任务；大力推进企业资本重组，实现企业的可持续发展。纵向发展方面，恩华药业自2015年以来先后搭建“好欣晴”和“医华”两个互联网平台公司，以服务各大医院、医生以及产品的消费者，2017年两个互联网平台进行了外部融资，实现了更好的商业模式。

（二）推进供给侧结构性改革，实现药品有效供给

作为医药类企业，恩华药业认为，供给侧改革的关键是提升药品质量，造出真正一流质量的药品，提升优质药品的有效供给。为推动医药行业供给侧结构性改革，恩华药业全力推进一致性评价工作，全面推动产能结构优化，研发创新紧盯临床需求，围绕去产能、降成本、补短板，加快推进供给侧结构性改革。原料采购方面，恩华药业严格要求供应商按照公司内控标准供货，

对供应商进行现场审计，以提升产品质量；质量管理方面，实现质量文化与国际化战略，通过文化建设改善质量问题；药品生产方面，恩华药业具有良好的厂房设施，具备无菌操作资质的人、科学高效的无菌保证体系、性能优良的机器设备，以及严格质量管理理念一整套生产体系，为其产品的高质高量生产提供保障；营销方面，恩华药业施行事业部分线管理，销售团队进行快速进化和迭代；商业方面，恩华药业发展新的零售思路，对用户数据进行精细化、专业化服务，推出官方 APP + O2O 模式，实现线上线下融合一体化整体方案。

第十章　广东省工业技术创新状况

广东省委、省人民政府认真贯彻落实国家创新驱动发展战略，紧紧抓牢科技产业创新中心的战略定位，全面开展创新改革试验，区域创新能力稳步提升，创新型经济快速发展，取得了举世瞩目的成绩。为破解传统制造业转型升级这一重大课题，2017 年，广东省着力推动供给侧结构性改革，破除无效供给，促进创新，推进“广东制造”向着“广东创造”迈进；坚持走创新发展路线，重点支持“中国制造 2025”示范区建设，发展先进装备制造业，高端智能装备等“万亿级”新兴支柱产业；汇聚创新智力资源，建设“广深科技创新走廊”，打造中国“硅谷”；优化创新相关政策环境，激发企业创新主动性。广东省区域创新体系日益完善，创新经济蓬勃发展，高新技术企业总量超过 1.9 万家，数量居全国首位，规模以上的工业企业国内技术成交额领跑全国。《中国区域创新能力评价报告 2017》显示，2017 年，广东创新能力跃居全国第 1 位。

第一节　发展回顾

广东省深化落实习近平总书记对广东的“三个支撑”重要批示，紧紧围绕建设国家科技产业创新中心这一总目标，深入实施创新驱动发展战略。2017 年，全省研发经费超过 2300 亿元，居全国首位，并启动建设 1 家国家级产业创新中心，4 家省级实验室。随着创新环境不断优化，广东省正朝着建设国家科技产业创新中心的目标大步迈进。

一、技术创新发展情况

（一）总体情况

广东省区域创新体系日益完善，创新经济蓬勃发展，对外开放度高，创新环境宽松良好。广东省高新技术企业总量超过1.9万家，数量居全国首位，规模以上工业企业的国内技术成交额同样是领跑全国。2017年首届中国创新大会在广东召开，根据《中国区域创新能力评价报告2017》显示，广东省创新能力跃居全国首位。是我国拥有国家级高新企业数量最多的省份，达到3万余家。

（二）主要做法

1. 加速迈向“广东创造”

围绕高质量发展，广东省进行供给侧结构性改革，破除无效供给，促进创新，推进“广东制造”向着“广东创造”迈进。目前广东省政府深化培育新动能，优化经济结构，帮助实体经济不断降低成本，逐步形成新兴产业集群。为化解过剩产能，广东省采用创新方式处置“僵尸企业”，取得良好成效，值得各地借鉴。例如，利用产权交易市场，开展“僵尸企业”出清重组。广东省产权交易集团属下的股权托管中心建立了全国第一个专业的“僵尸企业”出清重组服务平台，为企业提供资料收集分析、专业顾问、定制方案等服务，提高了处置效率，规范了流程，委托处置省、市属1743家国有关停企业。广州市中级人民法院还专门为处置“僵尸企业”开启快速通道，为企业司法清算程序节省了时间。

2. 探索科技创新新路线

为集中培育创新动能，推动创新驱动发展，广东省政府坚持走创新发展路线，引领珠三角经济转型升级。广东省财政重点支持“中国制造2025”示范区建设，以珠江西岸为龙头，大力发展先进装备制造业，高端智能装备、新一代信息技术、节能环保、新能源、新材料等众多“万亿级”的新兴支柱产业正在兴起。为打造成中国“硅谷”，汇聚创新智力资源，广东省印发《广深科技创新走廊规划》，建设“广深科技创新走廊”，这条占全国面积0.1%的“走廊”，贯穿广州、东莞、深圳3市，创造出全国6%的GDP，拥有广东六成以上的高新技术企业、25 家国家重点实验室以及 449 家科技企业孵化器。

3. 大幅优化创新环境

围绕投入和转化，广东省近年来多管齐下，不断优化创新相关政策环境，激发企业创新主动性。广东致力于打造完备的科技成果转化服务体系，开展了华南（广州）技术转移中心建设，聚焦通信芯片、智能机器人等领域，组织重大科技成果对接行动，重点促进智能制造、超高速无线通信等行业的科研成果转移转化。同时大力降低实体经济成本，给广东企业减负，制定发布《广东省降低制造业企业成本支持实体经济发展的若干政策措施》等超过 16 个相关实施细则。据测算，2017 年当年可以为企业节省 620 亿元。同时，不断完善人才支撑体系，人才是创新的智力来源，广东省积极引进全国各地和海外创新人才，广州颁发“人才绿卡”，深圳实施“孔雀计划”，多手段网罗高端创新人才，建立起广东以色列理工学院、中国—乌克兰巴顿焊接研究院（广州）、深圳北理莫斯科大学、暨南大学伯明翰大学联合学院等一批中外合作办学机构。

（三）重点领域

广东省一直在平板显示产业处于领先地位，拥有完整产业链，是国内平板显示领域的先进代表。如深圳市华星光电技术有限公司（以下简称华星光电）、深圳市柔宇科技有限公司（以下简称柔宇科技）、天马微电子股份有限公司（以下简称天马微电子）等高新科技企业均汇集于此。

广东省不断打造高端平板显示生产线的体系。目前，该省拥有 TCL 华星光电深圳 G11 项目、富士康 10.5 代线、信利 4.5 代线、柔宇科技类 6 代线项目。预计 2019 年左右，我国将成为全球最大的平板显示生产基地，集聚产业诸多高端要素的广东省正在逐步占领中国平板显示制造高地。

2017 年，手机产品全面进入全面屏时代，OLED（Organic Light - Emitting Diode，有机发光二极管）屏越发普遍，随之而来的是更多的需求和挑战。除了量的保障，质的需求也日益凸显，平板显示的迭代升级也变得日益迫切，同时销售环节的高端化也在倒推生产环节的转型升级。在未来产业布局中，广东省显示企业将更加注重强化数据挖掘，在产品布局上同时宣传全面屏、OLED 屏的比较优势，实现智能生产环节的单因子分析到多因子分析，充分展示平板显示智能制造元素。

二、质量品牌总体情况

（一）总体情况

为贯彻落实《中共广东省委、广东省人民政府关于实施质量强省战略的决定》（粤发〔2016〕9 号）、《广东省实施质量强省战略 2016—2017 年行动计划》等文件精神，2017 年，广东省政府全面推进质量品牌建设，结合珠三角实际，服务创新中心建设，创新质量工作机制，不断深化推进标准化工作，坚持不懈提升广东创造品牌价值，质量管理和品牌建设创新发展取得不俗成绩。全国“质量标杆”典型经验，广东省就占 25 项，数量全国第一。

（二）主要做法

1. 不断推进标准化工作

标准建设已经成为广东省质量工作的共识，围绕《广东省人民政府关于深化标准化工作改革推进广东先进标准体系建设的意见》，广东省将标准化工作作为质量品牌重点任务来抓，开展多项工作。建立广东省标准化协调推进联席会议制度，联席会议统筹协调全省标准化工作，负责协调和研究标准化大政方针，协调跨部门跨领域的存在重大争议的标准的制修订以及标准实施中的监督、跟踪评估等工作；开展标准体系研究，将标准化工作与“广东制造”深度结合，开展战略性新兴产业标准化建设工程，将一批关键共性技术专利上升为标准，以标准带动提升广东产业竞争力，积极建立完善工业物联网、工业机器人、车联网、轨道交通装备等智能制造标准，规划标准体系与路线图，重点促进新能源、节能、新材料等战略性新兴产业快速、标准化发展，提升广东省企业在国家标准、国际标准制定中的话语权。

2. 大力提升“广东创造”品牌影响力

品牌是企业重要的无形资产之一，是制造业核心竞争力的体现。2017 年广东省继续着力打造企业品牌，提升企业品牌价值，助力广东品牌走出去。引导和鼓励企业树立质量品牌意识，尝试先进质量管理技术和方法，吸取现代品牌管理经验和做法，培育自己的品牌。引导企业建设质量诚信体系，大力推动质量信誉承诺活动，在提供一流的商品和服务中塑造品牌形象。推动品牌文化建设进程，以广东省品牌故事大赛为平台，讲述广东企业品牌文化故事，烘托品牌形象。大力推进产业集群区域品牌建设，培育一批美誉度好、价值高的区域品牌。针对企业当务之需，开展丰富多样的质量品牌培训活动，举办大型活动，继续开展2017年广东省名牌产品申报工作，提升广东省企业品牌影响力。

三、知识产权总体情况

（一）总体情况

广东省是知识产权大省，知识产权创造、运用数量居于全国前列，拥有国家级知识产权优势企业76家和示范企业17家，是国家知识产权综合改革的前沿阵地。2017年，广东省延续良好走势，稳扎稳打，创新探索，深入推进知识产权综合改革试点工作，致力提升企业知识产权产业化水平，为知识产权强省布局下一个竞争优势。

表10－1　2017年我国发明专利授权量排名前十位企业

排名	企业名称	专利授权量（件）
1	国家电网公司	3622
2	华为技术有限公司	3293
3	中国石油化工股份有限公司	2567
4	京东方科技集团股份有限公司	1845
5	中兴通讯股份有限公司	1699
6	联想（北京）有限公司	1454
7	珠海格力电器股份有限公司	1273
8	广东欧珀移动通信有限公司	1222
9	中国石油天然气股份有限公司	1008
10	中芯国际集成电路制造（上海）有限公司	862

资料来源：赛迪智库整理，2018年1月。

（二）主要做法

1. 深化知识产权综合改革

广东省积极开展知识产权综合改革试点工作，为全国知识产权改革探索一条新路。广东省积极探索涉及新形态创新成果的知识产权保护、成果权益归属等政策，探索知识产权行政管理和执法机制改革模式，在珠三角国家自主创新改革示范区等地开展试点工作。在一系列积极努力下，广州知识城成为知识产权运用和保护综合改革的首块试验田。此外，经国务院批准同意，深圳被确定为知识产权综合管理改革第一批试点地方之一。

2. 推进知识产权转化运用

为使知识产权真正服务于创新驱动发展，广东省多手段促进专利转移转化，加快打造知识产权运营体系建设，推进了全省知识产权合作与交流。一是加速建设国家级和省级知识产权交易、运营服务平台。运营平台提供便捷的专利交易、质押融资、专利保险等相关服务，有效满足企业知识产权转化、交易等需求。目前已建立横琴国际知识产权交易中心等高水平知识产权运营平台，为企业专利产业化提供支持。二是通过大型活动、重点项目建设，力推知识产权运营。截至目前，广东省已累计扶持全省 568 个专利技术实施项目，举办的 2017 年广东知识产权交易博览会，展示 9143 个知识产权项目，知识产权交易额达 7.2 亿元。

第二节　发展特点

一、区域联动，打造区域创新领头羊

广东省布局谋篇，打造“1+1+7”创新发展格局，以珠三角国家自主创新示范区等创新领军者，辐射全省，找准定位，发挥各自优势汇成产业升级聚力。其中“1+1”是深圳和广州，要发挥领头羊的引领带动作用，“7”是指珠三角珠海、佛山、惠州、中山等 7 个市，要形成各自在产业层次、政策环境、创新资源等方面的创新优势，在高新区、重点产业上实现创新发展新突破。同时，打造“科技创新走廊”，抓住“一带一路”交流合作机遇，充分利用珠三角地区毗邻港澳的优势，深化与创新型国家的创新合作，聚集全球创新资源；不放松粤东粤西、粤北地区创新驱动的规划和发展，以科技创

新中心为契机，助力各市高新区转型升级。

二、外智加持，打通基础研究难关

2017年，广东省创新领域的一大亮点，是大批外部研究机构入驻。这其中包括海外顶级创新力量和国内一流科研机构，为广东省基础研究注入强大智力资源，助力广东省创新基础研究加速前进，为广东带来更多前沿科技产业的契机。2017年广州引进美国斯坦福国际研究院、冷泉港实验室等“顶级”研究机构，联合东方电气集团搭建新能源新材料产业研发中心；深圳挂牌3家诺贝尔奖科学家实验室，建立深圳人工智能与大数据研究院；紫光集团有限公司的5G技术研究院落户东莞。这些研究力量的注入，为广东省解决转型升级中的技术基础问题提供了智力支持，有助于迅速补齐短板，更快向原生性、突破性创新演进。

三、注重内培，修炼科技创新“内功”

为贯彻落实习近平总书记对广东作出的“三个支撑”重要批示，加速补齐广东创新短板，广东省将内培和外引有机结合，塑造科技创新长期优势。广东省政府十分重视新型研发机构建设，加速创新资源集聚，构建日益完善的区域创新体系，根据《广东省新型研发机构发展情况报告》的数据显示，截至2017年底，广东省新型研发机构已达219家，机构总收入预计达1015亿元，广东新型研发机构有效发明专利拥有量近三年增长率约36%，平均每家机构有效发明专利拥有量达38件①。同时，广东省大力建设高水平理工科大学，提高基础研究水平。目前广东省启动7所高水平理工科大学的建设工作，2017年宣布拨款50亿元建设两所高水平理工科大学：五邑大学和广东石油化工学院，这些高水平院校通过基础科研、创新服务为广东省科技创新提供智力支撑，有力带动当地创新驱动发展的实施。

① 杜弘禹、黄秀婷：《打通基础研究“创新产业链”广东科研大项目频落地“补短板”》，2018年1月，见http://money.163.com/18/0116/05/D88GKP1R002580S6.html。

第三节　典型案例

一、TCL 集团股份有限公司：加强知识产权布局，抢占新一代技术制高点

TCL 集团股份有限公司（以下简称 TCL 集团）是中国最大的、全球性规模经营的消费类电子企业集团之一。TCL 集团形成了在集团技术与专利管理委员会管理下的、由工业研究院牵头核心技术研发、技术中心作为管理平台、全球 10 多个研发机构共同组成的企业技术研发体系。TCL 集团研究开发成果显著，整体研发水平达到国际同类规模企业先进水平，是国内一流的以彩电为核心的产品技术研发机构。近几年，各研发中心年推出数百款新品，新产品转化率达 90% 以上。

（一）完善知识产权制度建设

TCL 集团通过实施《工业企业知识产权管理指南》，加强知识产权管理制度建设，建立了一系列的知识产权管理制度：《TCL 专利申请流程管理制度》《TCL 技术创新奖励办法》《TCL 专利奖励办法》《代理机构管理办法》《技术秘密管理办法》《研究院技术转让、授权和孵化管理办法》《专利纠纷处理办法》等多项专利工作制度，涵盖了从专利创意的产生、专利的申请到授权维护及专利权保护等各类工作。TCL 集团知识产权中心加强知识产权培训工作，在工程师认证资格中加入专利知识必备条件，并与集团领导力开发学院合办专利知识培训课程。此举使研发工程师充分意识到专利的重要性，使其创新积极性得到很大的提高。知识产权中心目前已在华星、TCL 通讯、研究院、空调等部门开展几十场培训，培训考核近 2500 人次。通过培训，工程师专利提案的质、量都获得大幅度提高。

（二）加强知识产权布局

在专利申请量的积累达到一定程度后，TCL 集团知识产权中心开始不断提高专利申请的质量，专利申请的策略从“射箭画靶”提升为“画靶射箭”，

完善知识产权布局。围绕研发的核心领域显示技术领域进行重点挖掘，在多基色像素结构、OLED器件及制备方法、量子点发光材料、量子点发光二极管器件及制备方法、柔性基板工艺等方面进行专利布局，挖掘重点专利，形成专利包，打造核心竞争力。此外，在电视操作系统、3D立体显示技术、台标识别技术、手势识别及跟踪技术等电视产品的发展方向方面也进行专利布局。以量子点技术为例，TCL集团在国内推出第一台量子点电视，量子点技术超越了LED（发光二极管）背光发光特性，可以实现更佳的显示特性，是下一代显示技术的方向。

二、广东风华高新科技股份有限公司：实施知识产权战略，助力创新发展

广东风华高新科技股份有限公司（以下简称风华高科）是一家新型电子元器件、电子信息制造装备及电子信息材料的科研、生产企业，是国家级技术中心、国家“863”计划成果产业化基地，科技创新成果累累。

（一）实施知识产权战略，融入企业发展战略

目前电子元件市场竞争日趋激烈，风华高科深刻认识到制定知识产权战略的重要性，将知识产权的管理纳入企业管理体系，放在与质量、成本同等的位置。完善品牌体系建设机制，创新质量管理，注重技术研发，提高企业核心竞争力，强化知识产权管理。风华高科把搞好专利等知识产权工作作为企业生存发展的一项战略任务来抓，充分运用知识产权管理制度，根据企业未来发展路径，布局专利，制定适合本公司的知识产权战略，充分利用专利文献等专利信息资源，通过分析研究，掌握行业发展态势和竞争对手新技术开发动态，制定出与时俱进的知识产权发展战略。

（二）加强管理和运用，扎实推进知识产权战略实施

创立长效的知识产权激励机制，可以有效地调动和激励企业员工从事发明创造的积极性。风华高科在《知识产权管理规定》中明确规定了奖励条款。公司人力资源管理部门将专利的拥有量与技术人员薪资和职位挂钩。专利信息集技术、法律、经济于一体，是企业不可或缺的重要信息来源。风华高科在对新产品、新技术开发立题及验收等工作中，均要求项目组进行相关专利

检索，从而确认新项目的新颖性，提高研究开发的起点。同时，积极运用广东省知识产权局为省内企业免费开发的《专利信息分析系统》和《企业知识产权信息管理系统》等知识产权软件，提高对专利信息收集、管理和利用的工作效率。在订制同方知网技术有限公司开发的《CNKI 中国专利全文数据库》基础上，建立了属于企业自己的行业专利数据库，以帮助技术人员更好地进行研发创新。

第十一章　内蒙古自治区工业技术创新状况

内蒙古自治区（以下简称自治区）紧紧围绕国家战略需求和地方经济发展优势，始终坚持把创新作为推动发展的第一动力，深入实施创新发展战略，制定并发布了《内蒙古自治区创新驱动发展规划（2013—2020年）》、《内蒙古自治区“十三五”科技创新规划》等一系列推动创新的重要文件；实施科技创新三大工程，改革科技项目形成机制，完善创新发展的协调推进机制；聚焦关键技术突破，带动产业创新，大力建设创新平台，支撑作用日益突显；积极探索借助知识产权协同运用推进民族特色产业增速发展的路径，企业知识产权工作进步明显，促进和保障了工业转型升级，科技实力不断提高。

第一节　发展回顾

近年来自治区认真贯彻落实中央创新发展重大决策，落实创新驱动发展战略，不断深化供给侧结构性改革，科技成果转化、平台载体建设等重点工程深入实施，通过“双创”拉动新技术、新业态崛起，创新能力显著增强，正朝着建设创新型内蒙古的目标快步前进。

一、技术创新发展情况

（一）总体情况

自治区坚持把创新作为引领发展的第一动力，充分利用“一带一路”沿线国家合作交流机遇，大力落实创新驱动发展战略，破除无效供给，培育新业态，在新材料、清洁能源、绿色农牧业、装备制造等领域取得一批重大科技成果突破，建立3个国家级重点实验室，建成各类创新平台载体共874家，搭建众创空间139家。自治区正在告别“成本驱动”、大多处于产业链低端的经济结构，迈向转型升级的新阶段。2017年，自治区专利申请量11701件，同比增长20.70%，每万人口发明专利拥有量增至4.66件。

图11－1 内蒙古自治区创新能力数据表

创新能力项	数量（家）	创新能力项	数量（个）
高新技术企业	237	科技园区	262
企业研发中心	214	重点实验室	137
创新团队	408	工程中心	159

资料来源：内蒙古科技创新大数据平台，赛迪智库整理，2018年1月。

（二）主要做法

1. 加快关键技术攻关和科技成果转化步伐

面向科技前沿是科技创新的战略主攻方向。自治区经济正处于工业化中后期阶段的初级时期，要紧扣自治区“六大基地”“七大战略性新兴产业”“两个屏障”建设和科技惠民等方面的技术需求，新常态下集聚更多创新元素，实施关键技术精准攻关，用发展高新技术和高端产业来拉动社会经济高速发展。由于技术创新的体制障碍，自治区存在着科技资源配置和管理体制不顺，高校、科研院所成果产业化积极性不高等问题。为此，自治区不断深化改革科技成果转化体系，助力供给侧结构性改革，注重科技成果和科技人才“重心下移”，在科技成果转化方面精准发力，在重点产业领域实现了一批技术瓶颈突破，取得可喜成绩：包头稀土研究院研制的117升制冷装置达到全球领先水平，内蒙古赛科星繁育生物技术研究院开启了世界首例家畜航天生物育种实验，赤峰有色金属工业技术研究院实施的“有色金属产业关键技术开发”科技重大专项攻克有色金属产业几大难关。

2. 完善科技创新体制机制

在加快体系建设方面统筹发力。2017年，自治区政府研究制定了《内蒙古自治区“十三五”科技创新规划》《内蒙古自治区贯彻落实国家创新驱动发展战略纲要实施方案》等一系列促进创新的政策文件，标志着自治区在技术创新体系建设方面系统的、全方位的发力。近些年自治区深化区域合作创新机制，强化国际科技合作、转移，助力打造重点实验室、工程技术研究中心，推进国家级高新区建设进程，支持和林格尔新区E级超算中心等大科学装置建设。同时不断深化科技体制机制改革，完善科技政策体系，在科研项目形成、监督评估、科技创新投入等方向重点发力，实施双轮驱动，促进科技体制创新焕发新的生机。

3. 加强创新主体培育

自治区企业的技术创新主体地位尚未完全确立，创新人才缺乏，科技资源分散，创新领军人才和具有创新意识的企业家相对匮乏，制约了自治区转型升级步伐。面对创新主体不强的情况，自治区按照“项目、人才、平台”三位一体统筹发展原则，加大力度培育具有活力的新型创新机制和创新主体，带动企业创新能力提升，为本轮科技变革保驾护航。培育新型研发机构，推广现代科研院所管理机制。鼓励支持创新型企业发展，培育高新技术企业，目前全区高新技术企业超过500家，是2012年的3倍。开展国家科技型中小企业评价，同时鼓励众创空间、星创天地发展。实施人才优先发展战略，推进“草原英才”工程，大力培养人才、引进人才。

（三）重点领域

稀土一直是内蒙古自治区的重点产业，随着稀土出口关税、出口配额制度的取消，自治区企业出口意愿增强，2017年上半年，自治区稀土出口较同期增加1.3倍，共出口稀土5029.9吨，价值1.3亿元人民币，增长26.5%。

自治区注重稀土产业关键技术研发，持续壮大稀土中下游产业，现在已形成较为完整的产业体系。近几年，关键技术取得一系列新进展。中科院包头稀土研发中心成功研发稀土硫化物着色剂中试生产线，这在全世界尚属首例。与世纪中天（北京）投资有限公司签订技术转让协议，这意味着包头市将建成世界首条稀土硫化物着色剂连续化隧道窑生产线，并实现新成果产业化，有助于稀土资源的平衡利用。

二、质量品牌总体情况

（一）总体情况

2017年，自治区质量技术监督局深入贯彻落实《中共中央国务院关于开展质量提升行动的指导意见》，突出质量主题，筑牢安全防线，深化实施三大战略，即质量强区战略、品牌战略、标准化战略，以提高发展质量和效益为中心，创新工作方式，加大监管力度，推进质量强区战略，特色产品“优进优出”，打造内蒙古特色品牌。

（二）主要做法

1. 深入推进质量强区建设，质量工作硕果累累

自治区一直高度重视质量工作，为明确部门责任、细化重点任务，研究制定了《内蒙古自治区2017年质量强区工作要点》，为质量强区工作画出蓝图，进一步明确质监系统质量提升的工作目标。2017年重点放在质量提升工作、消费品标准和质量诚信体系建设等重要工作。积极推进诚信示范企业创建，组织开展2016年度主席质量奖和名牌产品评审工作，在自治区内开展全面的品牌价值评价活动，强化考核，推动各盟市建立完善旗县政府质量工作考核制度。在强有力的组织保障下，自治区质量工作成果丰硕，整体质量水平明显提升。在2015—2016年省级政府质量考核中，自治区第一次从C级升至B级水平，这是对全区质量工作的重要肯定。伊利、内蒙古饭店荣获魅力品牌称号，包头市获得2016年“质量之光”工作创新奖，内蒙古和信园蒙草抗旱绿化股份有限公司（蒙草抗旱）获得中国质量奖提名奖，内蒙古包钢钢联股份有限公司获得全国质量奖，实现了国家级质量奖零的突破。内蒙古检验检疫局帮扶56家企业获HACCP验证，84家企业获欧盟、美国、日本、以色列等国注册备案，让内蒙古优质产品打响国际市场。

2. 狠抓品牌培育，提升品牌社会影响力

一是强化全区品牌意识，加大品牌培育力度。支持企业创建自己的品牌，在乳制品、羊绒制品、现代煤化工、有色金属深加工、光伏材料、蓝宝石、石墨烯等行业，打造一批拥有知识产权、关键技术和影响力的高水平品牌集群。以知名品牌示范区为核心，充分发挥辐射带动作用和品牌引领作用，扩大品牌创建领域，助力产业升级转型。加强自治区品牌产品质量监管，打击制售假冒伪劣商品，开展“清风”行动维护中国制造海外形象，提升中国制造和“内蒙古品牌”的国际影响力。二是鼓励地方和行业以各种形式，包括开展品牌宣传、展示、品牌巡礼、交流等活动，提升自治区品牌的社会影响力。举办第四届内蒙古品牌大会，发布内蒙古名片百强品牌榜单，为自治区

企业品牌管理搭建交流促进平台。

三、知识产权总体情况

（一）总体情况

内蒙古自治区积极探索出一条借助知识产权协同运用推进民族特色产业增速发展的路径，企业知识产权工作取得了长足进步。2017 年，自治区专利申请量 11701 件，同比增长 20.70%，其中职务发明申请 2188 件，占 18.70%，非职务发明申请 657 件，占 5.61%；专利授权量 6271 件，同比增长 9.04%，其中职务发明授权 692 件，占 11.03%，非职务发明授权 156 件，占 2.49%。自治区有效发明专利拥有量为 4505 件，每万人口发明专利拥有量从年初的 1.49 件新增到 1.79 件。2017 年上半年，自治区 PCT 专利申请量为 4 件，表明自治区企业开拓海外市场和国外专利布局及国际竞争力较弱。①

（二）主要做法

1. 民族特色产业知识产权协同运用特色鲜明

自治区因地制宜发展优势特色产业，务实高效推进“十个全覆盖”工程，以农畜产品加工业、酒业、冶金、动物疫苗等为代表的民族特色产业发展迅速，涌现了一批龙头企业，有些占据全国甚至国际领先地位。这些产业内一批优势企业发展水平和外向型较高，较早认识到知识产权运用对企业发展的加速作用，积极尝试一系列知识产权协同运用的做法，综合运用知识产权，创新品牌运营，提高产品附加值和影响力。内蒙古鹿王羊绒有限公司在积极申报专利、利用专利技术提升产品质量奠定品牌基础的同时，从 2008 年开始商标许可授权使用，授权经营的副品牌有广州鹿王服饰、杭州萨迪斯、鹿王 Optim 等，每年获得商标许可费 400 万元。同时，公司运用商标的无形价值，开展知识产权融资约 1.5 亿元人民币。伊利集团在知识产权申请的质量和数量、专利技术的实施、知识产权制度及规则运用的能力等方面成绩显著，为企业参与市场竞争、树立品牌形象奠定了坚实基础。同时，公司注重品牌塑

① 呼伦贝尔科学技术局：《内蒙古自治区 2017 年上半年专利情况分析》，2017 年 8 月，见 http://www.hlbekjj.gov.cn/ws/news.asp? nc=5.0&page=2。

造，有效运用商标不断提升企业品牌形象，主商标及其他重点子品牌共在72个国家和地区提交了841件商标申请，获得授权613件，有力地推动了“中国产品向中国品牌转变”。

2. 以知识产权为核心的产学研协作加强

自治区不断健全企业主导的产学研协同创新机制，构建产业创新链，促进了产学研的有效合作与知识产权成果产业化。围绕自治区优势特色产业，自治区组建了38家以企业为主体、产学研结合的新型研发机构，覆盖全区12个盟市，承担科技重大专项，解决产业重大关键技术问题。组建了22家以企业为核心的产业技术创新战略联盟。包头市积极支持北京大学工学院包头研究院科技创新工作，支持金属深加工园区与浙江大学、铝业园区和北京科技大学、土右旗与北京航空航天大学、稀土高新区与中科院建立研发机构，开展产学研合作，加强国家科技创业服务中心、中小企业公共服务平台、中小企业科技创新服务平台等共享平台建设。

3. 知识产权运用服务体系逐步建立

自治区及个别盟市为保障知识产权协同运用顺利开展，开创性地建立知识产权服务平台等服务体系，为企业知识产权工作提供便捷服务，帮助企业提高知识产权意识和综合竞争力，共同推动区科技进步和创新发展，营造大众创业、万众创新的有利环境。内蒙古企业知识产权管理平台开通启动，提供信息化支撑，帮助企业提升知识产权管理和决策效率。巴彦淖尔市创建了企业知识产权服务平台，开发了中国（内蒙古）农业机械专利信息平台，与市内40家企业签订了知识产权托管服务协议。

第二节　发展特点

一、聚焦关键技术突破，带动产业创新

自治区财政投入20亿元助力重点产业创新，实施项目累计达400多项，有力推动了企业科技创新能力提升，以点带面推动产业转型升级。在关键技

术攻关领域，自治区取得了一系列重大成果：内蒙古瑞盛新能源有限公司建成了石墨烯生产线，年产高达30吨；包头建成了世界第一条稀土硫化物着色剂连续化隧道窑生产线，成功实现产业化，将孕育稀土产业新的增长点；热镀钢（铝）复合板热转印彩印板技术在自治区实现产业化，2017年年产7万吨的热镀钢（铝）复合板热转印生产线在包头点火成功，11月25日全线热试成功，将加快延伸包头市钢铁和铝的产业链；中核北方核燃料元件有限公司研发核燃料组件制造等多项技术，取得关键突破。

二、大力建设创新平台，支撑作用日益突显

在科技创新体系基本形成的基础上，自治区积极引领经济发展新常态，深化实施三大工程，紧紧抓住科技创新平台这一关键核心，创新平台数量快速增长，质量提升，布局规划更加合理。值得注意的是，自治区在国家级平台载体建设方面取得不俗成绩，新增国家级高新区2个、国家级可持续发展试验区5个和国家级农业科技园区6个。自治区政府先后投入大量建设和科研经费，推进省部共建国家重点实验室建设工作，这是加强基础研究、提升创新力的重要节点。在不懈努力之下，自治区第一家省部共建国家重点实验室——省部共建草原家畜生殖调控与繁育国家重点实验室获批。自治区第4个国家级高新区——赤峰高新区目前升级工作进展顺利，取得科技部考察专家高度评价。

第三节　典型案例

一、内蒙古伊利实业集团股份有限公司

内蒙古伊利实业集团股份有限公司（以下简称伊利集团）是目前中国规模最大、产品线最全的乳制品企业，也是国内唯一一家同时符合奥运及世博标准、先后为奥运会及世博会提供乳制品的企业。

（一）善用信息，构筑知识产权全盾

伊利集团充分利用专利信息来开拓企业的技术创新。2014 年，伊利集团率先建立了企业知识产权管理信息系统。早在 2005 年就开通了乳品行业内第一个“中外乳业专利信息平台”，这也标志着乳品企业从 2005 年就开始进行专利战略研究。通过这个平台，可以有效地研究乳业发展方向，降低工作成本，提升自主创新能力，从而维护企业利益，规范行业发展，推动行业建设。2015 年，伊利集团以购买数据库账号的形式，通过检索现有专利技术，对技术趋势分析、侵权可能性分析、法律状态分析、专利稳固性分析等，为技术创新提供有力的支撑。

（二）加强驰著名商标培育，形成品牌梯队

伊利集团经过多年探索，形成了独具特色的商标战略体系，商标与企业的技术创新、市场营销紧密结合，打造多层次品牌梯队，近年来伊利品牌价值不断提升。公司及时建立起了自己的品牌商标库，结合市场产品五年规划，适时进行品牌商标储备，做到使用第一代、准备第二代、设计第三代、规划第四代，形成一个品牌商标系统网络。

（三）做好商标规划，为开拓市场保驾护航

以主品牌“伊利”商标为代表，以及对公司有战略意义的重点子品牌商标在 45 个类别全部进行了注册，并进行了不同范围的联合商标注册，力争在更多的商品类别上独占使用重点商标。从横向和纵向的角度建立起立体的、综合交错的商标保护网络，为公司开拓市场发展扫清了障碍。

二、内蒙古鹿王羊绒有限公司：知识产权战略，推进民族品牌“走出去”

内蒙古鹿王羊绒有限公司是我国知名羊绒企业，在长达 30 年的“引进来”和“走出去”过程中积累了丰富的知识产权经验，打造了“鹿王”这一高端民族品牌。

（一）建立知识产权管理制度，健全评价体系

公司不断强化知识产权的管理工作，注重知识产权工作机制的不断完善。

公司建章立制，制定并完善了《知识产权管理制度》《技术创新奖励办法》等规章制度，严格落实执行；制定了知识产权规划，指导公司知识产权工作；根据实际需求不断调整知识产权管理机构，将知识产权工作作为企业可持续发展的常态工作管理。

（二）重视商标的注册，提升品牌价值和影响力

商标是企业信誉、企业形象的固化。公司注重商标注册和保护，先后注册了两枚“鹿王牌”商标，获得“驰名商标”荣誉，截至目前形成较为科学的商标梯队，包括国内商标68个，国外商标3个，提升了“鹿王”商标的美誉度，提高了企业在市场中的影响力。

（三）充分利用信息资源，为公司技术创新和产品研制提供服务

专利信息资源是研发创新的有力资源。公司通过购买专利、技术检索数据库，以及专利检索查询，提高了研发起点，避免了重复研究。同时充分利用专利信息，学习借鉴先进工艺技术，紧跟行业最新的技术进展，提升技术创新和产品研制效率。

第十二章　上海市工业技术创新状况

2017 年，紧紧围绕“抓战略、抓规划、抓政策、抓服务”的战略要求，上海市科技创新和体制机制创新“两手抓”，打牢基础，配置全球创新资源，加快建设具有全球影响力的科创中心，优化创新环境，重大原创性的科技成果纷纷涌现，创造了全国三分之一的顶尖科研成果，张江综合性国家科学中心建设取得突破性进展，知识产权创新改革扎实推进，亚太地区知识产权中心城市建设步伐加快，上海市知识经济特征日渐显著。

第一节　发展回顾

一、技术创新发展情况

（一）总体情况

2017 年，上海市实施“双轮驱动”，大力建设具有全球影响力的科创中心，在创新方面的成绩可圈可点。上海市科技体制改革不断深化，创新环境不断优化，“双创”呈现升级发展态势。科技创新中心承载区建设发展迅速，创新基础研究基础成果初现。上海市获得超过三分之一国家高水平科技奖项，2017 年，上海科学家在《自然》（*Nature*）、《科学》（*Science*）等顶级学术期刊上发表论文数量占全国总量的五分之一强。科技成果影响力上升，支撑产业能效突显，创新辐射带动效应显著增强。

表 12－1　2017 年上海市科技创新情况表

创新项目	数值（%）	创新项目	数值
高技术产业产值占工业总产值比重	21.1	两院院士	182 人
高技术产品出口占出口商品的比重	43.4	获国家科技奖励	58 项
战略性新兴产业制造业总产值增速	5.7	发明专利授权量	18545 件

资料来源：赛迪智库整理，2018 年 1 月。

（二）主要做法

1. 建设基础性前瞻性科研中心

建设具有全球影响力的科创中心，核心不单单是高技术产业的比拼，更是基础性前瞻性科研成果的较量。这就需要搭建以大科学设施为支撑的基础性科研中心，开展前瞻研究，攻克关键技术，张江综合性国家科学中心正是上海加速建设创新中心的创新泉源。张江聚集了 1 万名创新企业家，拥有国内一流研发人才；张江实验室挂牌成立，全力打造国家创新体系的基础平台，转化医学设施、先进光源设施群和光子科学聚合发展，活细胞结构和功能成像平台、硬 X 射线自由电子激光装置开工建设，国际人类表型组创新中心、李政道研究所等正在积极推进，目前 73 个重点项目开始投入建设。张江综合性国家科学中心的集中度日益提高，不断聚合创新资源，打造“科学城”。

2. 全力打造具有全球影响力的科技创新中心

上海市致力于打造具有全球影响力的科技创新中心。一是前瞻布局，优化未来产业结构。上海市提出“AI 优先”，抓紧人工智能发展窗口期的重要机会，出台新一代人工智能发展实施意见。同时，积极发展集成电路设计业，利用科技创新带动第二产业止跌回稳。二是坚持“双轮驱动”，激发制度创新潜力。上海市政府注重创新的宽松性、包容性，放活管好，营造良好的创新生态系统，如开展证照分离改革试点，降低创新创业门槛；将财政科技专项，整合归类，促进政府资金利用；提升科研计划项目劳务费资助总额，增强科研单位经费使用自主权。三是完善创新链，促进科技成果转化。制定和发布《上海市促进科技成果转化条例》《上海市促进科技成果转移转化行动方案

(2017—2020)》，建立科技成果信息库，激发研究开发机构科技成果产业化活力，释放企业需求，让科创输出更有持续不断的动力。

3. 增强高端人才“磁场引力”

2017 年，全国三分之一的顶尖科研成果出自上海，全国三分之一的一类新药由上海研制，这样的成果都离不开上海聚才、用才的人才策略和持续增长的人才吸引力。2017 年，上海新增两院院士共计 13 人，其中中国科学院院士 10 人，创 12 年来历史新高。上海拥有外资研发中心数量全国第一，约 422 家，还拥有众多世界 500 强企业的全球研发中心。这都得益于上海的人才政策。为鼓励高端人才扎根上海，出台了“人才 20 条”，放宽外籍人才多次往返签证有效期、支持外资投入国家级技术中心等。抓住“人”这个核心，为引进海内外人才搭建更多便捷通道，为全球科创中心积累智力资源。

（三）重点领域

集成电路产业是电子信息产业的核心，根据《上海促进电子信息制造业发展“十三五”规划》，集成电路设计业是上海优先发展的重点产业。上海市致力于优化集成电路产业政策，制定发布了《关于本市进一步鼓励软件产业和集成电路产业发展的若干政策》，塑造良好的政策环境。启动重点项目推进集成电路产业加快发展，如为促进集成电路制造业发展，设立专项基金，第一期基金规模约 280 亿元；启动上海 500 亿元集成电路产业基金；加紧建设转化功能型平台产业布局向张江、漕河泾之外扩展。

近年来，上海集成电路产业发展迅速，形成产业集聚效应，包括如移动智能终端、音视频多媒体、无线通信及互联网、信息安全及安全防护等，上海拥有集成电路设计企业 200 余家，从业人员近 4 万人，具有竞争力较强的集成电路产业体系。目前，中微半导体进入台湾积体电路制造股份有限公司（台积电）7 纳米工艺设备商采购名单，上海新昇半导体科技有限公司（新昇半导体）安装产能已达到每月 4.5 万片，打破了我国大硅片完全依赖进口的瓶颈。

二、质量品牌总体情况

（一）总体情况

2017 年，上海推进自主品牌建设快速发展，引导企业深化品牌发展战略，推动上海从产品经济向品牌经济发展转型，大力开展质量提升行动，推进“上海品质”建设，在服务、制造、购物、文化四大领域集中发力。自 2002 年设立上海市质量金奖以来，至今已有 133 家组织、71 名个人获奖，市企业和个人获得中国质量奖数量领先全国其他各省。

（二）主要做法

1. 促进“上海质量”向“上海品质”转型

为推动质量提升和品牌价值积累，上海市启动“上海品质”建设，发布《上海品质评价通用要求》，力争建设具有国际竞争力质量高地。根据《上海品质评价通用要求》，企业产品具有国际性和引领性的，可以申请和获得“上海品质”认证，通过认证的企业可以在产品及其包装上标注产品认证标志，有效期 3 年。围绕“标准引领、市场运作”的原则，“上海品质”认证引入国际通行的合格评定方式，还要考察企业是否有自主创新能力、是否诚信经营以及服务质量、管理模式、社会责任等。“上海品质”将有效促进上海先进标准的形成，培育本土品牌竞争力。

2. 全力打造“上海制造”品牌

近年来，上海品牌发展政策体系更加完善，品牌发展工作转型升级。在此背景下，2017 年，上海市政府提出打响上海服务、制造、购物、文化四大品牌。其中，作为中国制造业的发源地，上海市对标国际标准，围绕《上海市制造业转型升级“十三五”规划》，以品牌价值为产业升级增添助力，在汽车、海洋工程、航天航空等领域，组织开展关键共性技术质量攻关，加紧建设质量基础设施平台，增加“上海制造”品牌价值，目前上海市制造业质量竞争力指数已连续 8 年领跑全国，上海品牌形象进一步提升。

三、知识产权总体情况

（一）总体情况

围绕全球影响力的科技创新中心建设，上海市深化知识产权改革，促进运用和保护，加快建设亚太地区知识产权中心城市，2017 年初建成上海知识产权交易中心，知识产权生态环境不断优化。2017 年 1～10 月，上海市专利申请量为 107020 件，同比增长 17.9%；上海市有效发明专利拥有量为 97382 件，同比增长 16.9%；每万人口发明专利拥有量为 40.2 件，较 2012 年底翻了一番多。①

（二）主要做法

1. 加快建设亚太知识产权中心城市

围绕更好把握创新主动权、服务建设具有全球影响力的科技创新中心使命，上海深入开展部市合作，为将上海建设成为亚太知识产权中心城市而奋进。上海市政府与国家知识产权局签署合作会商议定书，意在汇聚知识产权高端资源，深化知识产权综合管理改革，创新知识产权高端人才培养模式，先行先试，进一步提升国际国内影响力。进一步落实《关于加强知识产权运用和保护支撑科技创新中心建设的实施意见》相关要求和措施，以知识产权运用和保护为重点，推进改革，完善知识产权服务体系，着力打造运营体系，建立知识产权评议、评估制度，充分发挥知识产权对创新的促进作用，助力上海科技创新中心建设。

2. 打造新型知识产权交易市场

知识产权交易平台是知识产权转化运用的关键环节和重要载体，对服务能级提升，加速科技成果产业化具有重要意义。为落实《关于加强知识产权运用和保护支撑科技创新中心建设的实施意见》要求，将上海建设成面向全国、全球的知识产权交易中心城市，经过多年筹备搭建，2017 年 1 月，上海知识产权交易中心建成。中心主要业务覆盖专利、商标、版权交易、

① 科技部网站，《上海市科技党委、市科委、市知识产权局召开工作情况通报会》，2018 年 1 月 22 日，见 http：//www.most.gov.cn/dfkj/sh/zxdt/201801/t20180119_137795.htm。

国有无形资产交易、基于技术并购股权交易、培训等服务，将更好满足企业、科研院所知识产权转化交易需求，提供专业化、便捷化、国际化的知识产权服务。

第二节　发展特点

一、科技创新引领力不断提升

2017 年，上海市全面贯彻党的十九大精神，实施“双轮”驱动，聚焦重点领域，加强重大科技基础设施建设，创新生态不断优化，科技原创能力日益增强。以全球视野，上海市加强前瞻布局和突破，建设张江综合性国家科学中心，成立李政道研究所，超强超短激光等大科学设施破土动工，极大带动了上海各区的产业升级。科创中心重要承载区建设成效突显，关键核心技术取得突破，2017 年全国三分之一的顶尖科研成果出自上海，各种重大科技成果相继问世，如“蛟龙号”载人潜水器、C919 大型客机、“墨子号”、北斗导航等战略项目启动，100 多项制度创新成果在全国推广。

二、创新网络不断完善

上海市政府注重引导创新网络建设，大力推动大众创业、万众创新，众创空间如雨后春笋，科技型中小企业蓬勃发展。随着上海市创新生态不断优化，跨国公司、大企业参与众创空间建设的热情提升，创新创业环境向便利化、低成本化演进，2017 年中国创新创业大赛，上海连续三年蝉联全国第一，科技型中小企业开始显示出强大的创新动能。同时，上海重点推进科技创新承载区建设工作，致力于培育新的创新增长极，承载区建设成效明显，张江核心区、漕河泾、松江、虹口、长宁、静安等区域特色鲜明，立足自身制造业优势，优化政策环境，打造良好的创新创业空间，创业服务体系日益完善，科技创新承载区创新支撑能力不断提升。

三、创新创业环境持续优化

随着创新浪潮的纵深发展，创新生态开始变得尤为重要。2017 年上海交出了优秀的创新成绩单，这些成效离不开上海优秀的创新创业环境。《2017 中国城市创新创业环境评价研究报告》的数据显示，上海市在全国排名第二，仅次于北京市，政策环境、研发环境等具有显著优势。上海市注重创新创业环境优化，研发费加计扣除税收优惠力度连续多年领跑全国，制定实施多样的初创企业场地补贴政策，为双创企业减负增速。

第三节 典型案例

一、中芯国际集成电路制造（上海）有限公司：知识产权为技术创新添薪加火

中芯国际集成电路制造（上海）有限公司是世界领先的集成电路晶圆制造企业之一。公司提供 0.35 微米到 28 纳米集成电路制程工艺设计和制造服务。公司是国家级高新技术企业，被认定为国家级企业技术中心。公司注重技术研发投入，公司自成立开始每年投入超过销售收入 10% 的经费到技术研发中。公司坚持技术创新，不断提升自主创新能力，取得一系列里程碑式的技术突破。

公司建立了行之有效的“技术与法务相结合”知识产权管理构架：研发部下的“专利评审委员会”与法务部下的“知识产权部”是公司的知识产权职能部门，共同协作制定知识产权管理制度、专利申请流程管理等。

“专利评审委员会”目前包括 6 位固定专职成员，他们精通半导体工艺，拥有半导体多个技术领域经验。其中两人具有 25 年以上国际知名半导体公司工作经验；3 人拥有博士学位；两人具有中国和美国专利代理人资格。“专利评审委员会”设有咨询组，包括公司各个领域的专家，他们不定期地参与相关领域的专利评审，决定是否将发明人的提案申请成专利。他们在对外法律

侵权纠纷中，通过高效的专利无效分析和非侵权分析工作，为公司发展提供法律保护。

“知识产权部”设立在法务部，目前包括7位专职成员，其中专业律师两人，有丰富的法律、技术研发和专利相关工作的经验；专利工程师3人，拥有专利代理人和专利管理工程师资格；博士1人，在专利申请、管理等方面拥有丰富经验，其他同事也在公司工作8年以上并十分熟悉公司技术，并拥有专利工作者证书。

在知识产权布局上，中芯国际秉承专利先行的原则，把专利申请的重心放在关键技术、核心工艺上。专利评审委员会每年向公司TD和制造部做十几次专利脑力激活研讨会，宣讲关键核心领域的先进技术，激发工程师发明思维。至今28纳米技术的专利申请数已超过2500件，28/20纳米关键节点技术HKMG的专利申请数量在2015年由2011年的50名以外跃居世界第七位、中国第二；16纳米关键节点技术FinFET跃居世界第六位中国第一。在产学研结合方面，中芯国际积极与中国科学院微电子研究所，北京大学等高校合作，不仅尝试共同申请专利，而且通过共享专利权的形式，将高校和研究所已经申请的部分专利纳入企业运营的轨道，加大了这些专利投入工业生产的可能性。

随着企业的发展壮大，不可避免地会遇到专利纠纷，比如会面临来自竞争对手或者其他专利运营公司的专利侵权指控。在遇到这种专利纠纷时，企业采取积极的应对措施，一方面进行自查，比对企业的生产工艺与对应专利权利要求的差别，确定不侵权的事实；另一方面，专利技术组对竞争对手或者专利运营公司提出的相关专利进行大量专利无效分析，寻找无效相关专利的可能性，以图在较量中取得更大的话语权。同时进行专利非侵权分析，事实证明，这些分析有效地降低了法律风险，为公司节省了数千万美元。除此之外，公司还依托已有的自主知识产权，评估竞争对手侵犯我方专利权的可能性，争取主动出击。

二、展讯通信（上海）有限公司：注重专利战略，拓展海外市场

展讯通信（上海）有限公司（以下简称展讯）成立于2001年，总部位于

张江高科技园区，在国内外多个城市设有子公司、研发机构或办事处。公司目前已形成2G/2.5G/3G/4G移动通信技术基带芯片、射频芯片产品系列，涵盖了功能手机、多媒体手机和智能手机各个类型，现已拥有260多家国内外重要客户。

展讯面向全体员工，尤其针对管理人员和科技开发人员，建立了行之有效的知识产权培训体系。一是新人培训。从入职的新员工开始，灌输知识产权重要的思想，让新员工了解知识产权、有激情为公司获得知识产权作出贡献。二是研发人员培训。针对不同研发人员对知识产权的不同需求，对不同的研发部门进行不同的培训，从知识产权产生的源头开始保护知识产权并运用好知识产权制度。三是管理层培训。积极动员管理层参加战略性的和具体的知识产权培训和会议，让管理层了解行业动态、了解细节，从而更好地调整公司知识产权策略。四是外部事务所培训。公司研发人员与外部代理事务所交叉培训，使研发人员对知识产权的了解越来越多，外部代理人对专业技术知识的理解也更加深刻，从而相得益彰。

专利制度、专利战略对保护发明创造者权益、促进科技进步起到了积极的推动作用，也造福于重视专利战略的企业，为它们赢得了显著的经济效益。展讯对企业专利战略进行深入研究，建立了完善的知识产权战略。

展讯建立了较为完善的专利预警建立策略。展讯处于当前发展阶段，应当建立什么样的专利预警体系，以及如何从无到有建立展讯的专利预警机制，是本战略的重要内容。企业的专利预警体系不同于行业或国家的专利预警体系，限于人力资源、研究经费以及时间等因素，再加上企业实际需求比较明确，往往偏重于注重一些点的研究，而不像行业预警那样注重整个面的研究。

政 策 篇

第十三章　中国工业技术创新发展政策环境分析

第一节　国际环境分析

2017 年，全球经济回暖上行，主要经济体自国际金融危机发生以来首次实现同步增长，国际贸易和投资走出低谷，世界经济有望进入新的增长周期①。根据联合国发布的《2018 年世界经济形势与展望》显示，2017 年全球经济增长速度达到 3%，是自 2011 年以来增速最快的一年。经济回暖成为全球现象，全球三分之二的国家增速高于 2016 年。伴随着全球经济的复苏，诱发新一轮科技革命和产业变革所需的科技基础条件逐渐齐备，产业变革思想和内在诉求逐渐由互联网领域加快向社会各个经济层面蔓延，美国、欧盟、中国、日本等区域在量子通信、5G、新一代移动网络、机器人、人工智能、无人驾驶汽车等领域的投资掀起一波新的高潮。与之相对应的是，各国争相调整和理顺国家治理结构、产业发展环境和产业结构，以保证国内经济发展与新一轮科技革命和产业变革相适应。同时，全球制造业旧的价值链版图尚未完全褪去，新的价值链版图又未完全建立，国家科技创新资源争夺逐步加剧。为应对以中国为代表的新兴国家挑战，美国、欧盟、日本等老牌贸易国家与地区为保护本国在全球制造业价值链版图中的既有利益，并在未来产业发展领域树立先发优势，开始掀起反贸易自由化声浪，从而导致民粹主义和

---

① 刘鹤在 2018 年达沃斯世界经济论坛讲话：《推动高质量发展　共同促进全球经济繁荣稳定》，2018 年 1 月 24 日，见 http：//adr. ccpit. org/CH/News/ec88a45d－7588－4d1f－bb49－e663d5d7ea39. html。

保护主义盛行，地缘政治动荡加剧、区域间贸易摩擦不断、科技合作壁垒进一步加深。全球经济合作形势面临严峻考验，迫切需要国际政治新智慧去破解当前困局。

一、全球创新驱动战略密集发布，开启变革新时代

当前，世界经济处于新旧动能转换的关键期，各国借助金融危机空档期，为了树立先发优势，纷纷将制造业“再回归”和创新驱动战略作为争夺未来产业话语权的生命线，全球科技创新竞赛全面展开。2015—2017 年三年间，美国先后发布《美国复苏和再投资法案》《美国国家创新战略》《重振美国制造业框架》《美国国家制造业创新网络战略计划》《先进制造伙伴计划》等相关政策措施，以及组织实施《国际大脑计划》《精准医疗计划》《国家机器人计划 2.0》等科技计划。而英国在“脱欧”之后先后发布《英国数字化战略》《现代工业战略》《技术与创新的未来 2017》《产业战略：建设适应未来的英国》《国家网络安全战略 2016—2021》等系列战略框架，旨在打造“脱欧”之后的新的战略愿景。其中，在《产业战略：建设适应未来的英国》中提出，为推动英国成为全球最具创新力的经济体，英国政府拟到 2027 年研发投资占 GDP 的 2.4%，研发税收抵免提升至 12%，设立 7.25 亿英镑“产业战略挑战基金”，并将国家生产力投资基金份额增至 310 亿英镑，用于交通、住房、数字基础设施建设。2017 年 6 月，日本内阁则在《第五期科学技术基本计划（2016—2020）》的基础上出台了《科学技术创新综合战略 2017》。同年，德国联邦经济部发布《创新政策重点》文件，提出到 2025 年，德国创业投资占 GDP 比重达到 0.06%、研发强度 3.5%、企业创新比例 50%。

二、世界创新机构争向布局未来产业，树立先发优势迫在眉睫

第四次工业革命正在加速重构未来制造业价值链版图，各国为谋占未来高精尖制造业领先位置，纷纷加紧布局未来具有重大颠覆性产业，虽然各国创新环境和卡位不同，然而靶心呈现一致性，均将重心放在智能科技、机器人、生物技术、高性能计算、新材料等领域，特别是将人工智能放在突出位置。2015 年，美国在《美国创新新战略》中提出先进制造、精密医疗、大脑

计划、先进汽车、智慧城市、清洁能源和节能技术、教育技术、太空探索、高性能计算九大领域。英国在2017年发布的《现代工业战略》中提出设立新的工业战略风险基金，侧重投资具有全球市场潜力或快速增长的领域，如机器人、人工智能、卫星和空间技术、前沿医疗保健和医学、制造、过程和材料、生物科学和生物技术、量子技术、超级计算、高级建模和5G移动通信的数字技术等前沿技术。2016年4月，日本内阁府与科学技术振兴机构（JST）共同发起“日本颠覆性技术创新计划”，重点推动高性能机器人技术、超级高功能结构蛋白质材料、终极节能通信设备、泛应用型电子激光器、超薄高弹性高强度的高分子材料、小型合成孔径雷达卫星系统等对日本社会、未来产业产生颠覆影响的16大产业。德国则借鉴美国国防先进研究计划局（DARPA）形式设立德国战略性创新中心，重点发展微电子、人工智能、生物技术、量子技术等关键技术。2014年，俄罗斯总统在国情咨文中倡议构建“国家技术计划路线图”，围绕未来二十年具有广阔前景的关键技术进行重点布局，构建神经网络、能源网络、食品网络、安全网络、健康网络、航空网络、海洋网络、汽车网络、金融网络等九大创新网络，旨在培育若干具有全球影响力的创新型大型企业。

三、各国争相理顺内部创新体制机制，迎接第四次工业革命浪潮

随着以智能科技为核心的新一轮科技革命和产业革命的推进，世界主要创新国家纷纷将创新驱动战略作为基本国策。美国、日本、德国、英国等加速调整国内政策体制以适应即将来临的第四次工业革命浪潮。其中，美国在2015年10月发布的最新版《美国创新新战略》，旨在进一步健全专利立法、优化知识产权体制机制，建立有效的反垄断制度，强化网络安全监管机制。2017年4月，特朗普政府设立贸易和制造业政策办公室，旨在围绕促进经济增长、减少国际贸易逆差、增强美国制造业和国防工业基础等领域向总统提供政策建议。与此同时，特朗普政府有意收紧外商投资法规，强化美国外资审议委员会的职能范围，严防本国战略科技产业外流。而日本内阁则于2017年6月在《第五期科学技术基本计划（2016—2020）》的基础之上出台《日本科学技术创新综合战略2017》，提出超级智能社会（Society 5.0）战略目

标，并进一步增强日本综合科学技术创新会议（CSTI）的职能，设置“科技创新官民投资扩大推进费目标领域探讨委员会”，加快推进预算编制改革、创新投资制度改革。

四、全球创新生态系统大布局，四螺旋创新发展成趋势

国家创新生态系统不是各个要素单纯的机械组合，而是基于教育、市场经济环境、政策环境、国家基础设施建设、科技创新资源等多方面相互作用而形成的动态优化系统。这一概念最早由美国总统科技顾问委员会在探索美国创新领导能力和创新生态面临的风险及挑战中提出。其后，2004—2015 年，美国政府先后在《维护国家的创新生态体系、信息技术制造和竞争力》《美国创新战略：确保我们的经济增长与繁荣》《崛起的挑战：美国应对全球经济的创新政策》《国家与区域创新系统的最佳实践：在 21 世纪的竞争》等政策文件中不断强化，构建创新生态系统一直作为构筑美国国家竞争力核心所在，贯穿于美国近 15 年来的政府工作报告和政策文件。2015 年，美国国家经济委员会和科技政策办公室发布《美国国家创新战略》，从公共基础设施、创新群体、私人部门、创新环境四个维度出发构建和维护国家创新生态系统。欧盟《开放式创新 2.0》则认为新的创新范式是从创新生态系统的视角出发，构建基于“政府、企业、高等院校/科研机构、用户”的四螺旋创新发展模式。

五、国际政治形势复杂多变，贸易自由化进程步入“逆风局”

世界经济深层次矛盾悬而未决，大有愈演愈烈的态势，国际政治体系和经济体系失衡，区域发展极度不平衡、发达经济体失速，同时面临全球债务高企、全球财富收入差距持续扩大、地缘政治敏感等诸多脆弱性和不确定性，黑天鹅事件频仍。而债务问题成为压倒发达经济体的最后一根稻草，经济孤立主义、国际贸易保护主义、民粹主义均有所抬头，地缘政治日趋复杂化。一方面，发达经济体充分利用传统国际贸易规则制衡以中国为代表的新兴国家，在贸易便利化、环境保护、知识产权保护、劳工保护标准、政府监管的一致性与透明度要求、原产地标准等领域构筑“围墙”；另一方面，美国、英国等国家充分利用其自身在金融资本、产业标准、科技创新等领域的优势抢

占国际经济贸易和科技创新话语权，试图绕开现有国际贸易体制，构建更加有利于自身的国际贸易新规则。其中美国最为显著，特朗普上台之后，立足美国核心安全利益，以实用主义和本土主义彻底推翻奥巴马时期的大政府主义，明确提出“美国优先”的本土策略，推动美国在政治、经济、军事、外交等领域向美国本土进行战略性收缩。在税收方面，2017 年 11 月，美国众议院公布《减税与就业法案》，企业所得税从 35% 下降至 20%，修改个人所得税，并将房屋贷款利率的税收减免，逐步取消遗产税。这一法案的实施势必加速全球资本向美国的回流，对新兴国家和不发达国家经济复苏蒙上一层阴影。在国际贸易领域，特朗普政府有意通过双边贸易协定代替多边贸易协定，并逐渐疏远国际多边组织，甚至暗示退出世界贸易组织。先后摒弃《跨太平洋伙伴关系协定》《巴黎协定》《全球移民协议》等跨区域多边贸易协定，并正式提出重新审查《北美自由贸易协定》。同时，在科技创新领域，特朗普政府均将美国利益优先原则贯穿于《美国优先能源计划》《美国优先：让美国再次伟大的预算蓝图》等创新政策之中。2018 年 1 月 23 日，特朗普政府发布新关税决定，以“防止国内制造商受到严重伤害”为由，批准对进口太阳能电池和洗衣机征收大范围关税。

第二节　国内环境分析

党的十八大以来，习近平总书记将创新摆在国家发展的核心位置，指出科技是国之利器，国家赖之以强，企业赖之以赢，人民生活赖之以好。中国要强，中国人民生活要好，必须有强大科技。习近平强调，新时期、新形势、新任务，要求我们在科技创新方面有新理念、新设计、新战略。我们要深入贯彻新发展理念，深入实施科教兴国战略和人才强国战略，深入实施创新驱动发展战略，统筹谋划，加强组织，优化我国科技事业发展总体布局。2017 年 12 月 18 日，习近平在 2018 年中央经济工作会议发表重要讲话，指出“中国特色社会主义进入了新时代，我国经济发展也进入了新时代，基本特征就是我国经济已由高速增长阶段转向高质量发展阶段”。

一、中国特色社会主义进入新时代，经济由高速增长阶段转向高质量发展阶段

18 日，党的十九大在北京召开。党的十九大工作报告指出了我国经济建设和社会发展的新历史使命，中国特色社会主义进入新时代，我国社会主要矛盾已经转化为人民日益增长的美好生活需要和不平衡不充分的发展之间的矛盾。党的十九大报告作为指导我国未来发展的战略指导方针，同时指出“我国经济已由高速增长阶段转向高质量发展阶段，正处在转变发展方式、优化经济结构、转换增长动力的攻关期，建设现代化经济体系是跨越关口的迫切要求和我国发展的战略目标”。

为加快推动我国建设现代化经济体系，党的十九大工作报告对未来我国经济建设提出了深化供给侧结构性改革、加快建设创新型国家、实施乡村振兴战略、实施区域协调发展战略、加快完善社会主义市场经济体制、推动形成全面开放新格局六大战略方针。其中，在深化供给侧结构性改革中提出，将实体经济作为着力点，提升供给质量，大力发展先进制造业，推动新一代信息技术与实体经济深度融合，实现在中高端消费、创新引领、绿色低碳、共享经济、现代供应链等领域新动能的培育。在加快建设创新型国家方面，党的十九大工作报告明确指出，创新是引领发展的第一动力，是建设现代化经济体系的战略支撑。未来，我国科技创新重点迎来重大转变，要将基础研究放在首要位置，围绕关键共性技术、前沿引领技术、现代工程技术、颠覆性技术创新，实施应用基础研究类国家重大科技项目。在加快完善社会主义市场经济体制方面，未来我国将强化产权激励机制，进一步完善各类国有资产管理体制，改革国有资本授权经营体制，深化国有企业改革，全面实施市场准入负面清单制度，深化商事制度、财税制度和投融资体制改革，并健全货币政策和宏观审慎政策双支柱调控框架，深化利率和汇率市场化改革。

2017 年 12 月 18 ~ 20 日，中央经济工作会议在北京召开。会议指出，2018 年是贯彻党的十九大精神的开局之年，是改革开放 40 周年，是决胜全面建成小康社会、实施“十三五”规划承上启下的关键一年。未来三年工作重

点主要集中在抓好决胜全面建成小康社会的防范化解重大风险、精准脱贫、污染防治三大攻坚战。围绕推动高质量发展，分别从要素市场化配置改革、化解过剩产能、培育新动能、推进军民融合深度发展、降低实体经济成本等维度深化供给侧结构性改革，实现中国制造向中国创造、中国速度向中国质量、制造大国向制造强国三个转变；从完善国企国资改革方案、改革国有资本授权经营体制、推动国有企业完善现代企业制度、全面实施并不断完善市场准入负面清单制度等角度激发各类市场主体活力；强化京津冀协同发展、推进长江三角带生态绿色发展、振兴东北老工业基地、推进西部大开发，以及科学规划粤港澳大湾区等，实现区域协调发展战略。同时，工作报告指出进一步拓展开放的范围和层次，全面实行准入前国民待遇加负面清单管理模式，构建全面开放新格局。

二、创新驱动发展战略顶层设计不断完善

创新驱动关乎国家命运，国家力量的核心支撑是科技创新能力，建设具有中国特色的科技创新体系是党的十八大以来最重要的命题。2016 年 6 月，国务院发布《国家创新驱动发展战略纲要》（中发〔2016〕4 号，以下简称《纲要》），围绕六大“转变”谋篇布，全面推动我国创新体制机制改革。《纲要》提出构建多元化、协同高效的创新治理格局，建立国家高层次创新决策咨询机制，理顺中央各部门行政职能，构建国家科技管理基础制度，改革中央财政科技计划和资金管理机制，健全创新评价制度体系和职称评审制度。特别是针对我国现有科技评价体制机制弊端，《纲要》特别提出再造科技计划管理体系，深层次厘清管理体制机制存在的种种弊端和问题，具体包括构建覆盖全过程的监督和评估制度，完善国家科技报告制度，建立国家重大科研基础设施和科技基础条件平台开放共享制度和国家创新调查制度。同年，国务院发布《“十三五”国家科技创新规划》（国发〔2016〕43 号）、《产业技术创新能力发展规划（2016—2020 年）》（工信部规〔2016〕344 号）等科技创新纲领性文件，《实施〈中华人民共和国促进科技成果转化法〉若干规定》（国发〔2016〕16 号）、《促进创业投资持续健康发展的若干意见》（国发〔2016〕53 号）、《促进科技成果转移转化行动方案》（国办发〔2016〕28 号）

等相关配套政策措施。

2017 年，我国完成了“中国制造 2025”顶层设计，先后出台了 11 个配套政策文件，制造业创新中心建设工程、智能制造工程、工业强基工程、绿色制造工程和高端装备制造创新工程五大工程顺利推进，先后批复 4 个城市群、31 个“中国制造 2025”的试点示范城市。同时，为加快破解制约新动能成长和传统动能改造提升的体制机制障碍，强化制度创新和培育壮大经济发展新动能，加快新旧动能接续转换，国务院发布《关于创新管理优化服务培育壮大经济发展新动能加快新旧动能接续转换的意见》（国办发〔2017〕4 号），在行政体制改革提出四大突破：一是全面优化行政审批服务效能，建立法规政策标准动态调整机制，放宽新兴经济领域政策限制，推进新兴经济领域的权责下移试点等；二是为激活国有企业创新创业热情，要建立有利于国有创业创新绩效评价和容错试错机制；三是探索包容创新的审慎监管制度，完善以负面清单为主的产业准入制度，健全信用约束机制；四是为加快促进知识、技术、信息、数据等新生产要素流动与集聚，强化创新资源的倍数效应，要完善智力要素集聚流动机制，完善数据资源开放共享制度，强化科技成果加速转化应用机制。国务院同期还发布了《国务院关于强化实施创新驱动发展战略进一步推进大众创业万众创新深入发展的意见》（国发〔2017〕37 号）、《国务院办公厅关于推广支持创新相关改革举措的通知》（国办发〔2017〕80 号）、《国务院办公厅关于建设第二批大众创业万众创新示范基地的实施意见》（国办发〔2017〕54 号）等相关政策文件。

表 13－1　2016 年创新驱动发展政策汇总

序号	文件名	主要内容
1	《国家创新驱动发展战略纲要》（中发〔2016〕4 号）	一是推动产业技术体系创新，创造发展新优势；二是强化原始创新，增强源头供给；三是优化区域创新布局，打造区域经济增长极；四是深化军民融合，促进创新互动；五是壮大创新主体，引领创新发展；六是实施重大科技项目和工程，实现重点跨越；七是建设高水平人才队伍，筑牢创新根基；八是推动创新创业，激发全社会创造活力

续表

序号	文件名	主要内容
2	《“十三五”国家科技创新规划》（国发〔2016〕43号）	一是建设高效协同国家创新体系；二是实施关系国家全局和长远的重大科技项目；三是构建具有国际竞争力的现代产业技术体系；四是健全支撑民生改善和可持续发展的技术体系；五是发展保障国家安全和战略利益的技术体系；六是持续加强基础研究；七是建设高水平科技创新基地；八是加快培育集聚创新型人才队伍；九是打造区域创新高地；十是提升区域创新协调发展水平；十一是打造“一带一路”协同创新共同体；十二是全方位融入和布局全球创新网络；十三是全面提升科技服务业发展水平；十四是建设服务实体经济的创业孵化体系；十五是健全支持科技创新创业的金融体系；十六是深入推进科技管理体制改革；十七是强化企业创新主体地位和主导作用；十八是建立高效研发组织体系；十九是完善科技成果转移转化机制；二十是全面提升公民科学素质；二十一是加强国家科普能力建设；二十二是营造激励创新的社会文化氛围；二十三是落实和完善创新政策法规；二十四是完善科技创新投入机制；二十五是加强规划实施与管理
3	《产业技术创新能力发展规划（2016—2020年）》（工信部规〔2016〕344号）	重点任务：一是完善产业创新体系；二是强化企业技术创新主体地位；三是加大共性关键技术开发力度；四是提升企业知识产权运用能力；五是完善综合标准化体系；六是培育区域创新能力。重点方向：一是发展高效、绿色的原材料工业；二是发展高端装备制造业；三是发展高附加值的消费品工业；四是发展新一代信息技术产业
4	《促进创业投资持续健康发展的若干意见》（国发〔2016〕53号）	一是培育多元创业投资主体；二是多渠道拓宽创业投资资金来源；三是加强政府引导和政策扶持；四是完善创业投资相关法律法规；五是进一步完善创业投资退出机制；六是优化创业投资市场环境；七是推动创业投资行业双向开放；八是完善创业投资行业自律和服务体系；九是加强各方统筹协调
5	《实施〈中华人民共和国促进科技成果转化法〉若干规定》（国发〔2016〕16号）	一是促进研究开发机构、高等院校技术转移；二是激励科技人员创新创业；三是营造科技成果转移转化良好环境
6	《促进科技成果转移转化行动方案》（国办发〔2016〕28号）	一是开展科技成果信息汇交与发布；二是产学研协同开展科技成果转移转化；三是建设科技成果中试与产业化载体；四是强化科技成果转移转化市场化服务；五是大力推动科技型创新创业；六是建设科技成果转移转化人才队伍；七是大力推动地方科技成果转移转化；八是强化科技成果转移转化的多元化资金投入

续表

序号	文件名	主要内容
7	《“中国制造2025”试点示范城市工作方案》（工信厅规〔2016〕14号）	一是建设新型制造业体系；二是构建区域协同创新体系；三是健全人才培育体系；四是完善政策保障体系
8	《关于创新管理优化服务培育壮大经济发展新动能加快新旧动能接续转换的意见》（国办发〔2017〕4号）	一是提高政府服务的能力和水平；二是探索包容创新的审慎监管制度；三是激发新生产要素流动的活力
9	《“十三五”国家科技创新基地与条件保障能力建设专项规划》	一是推动国家科技创新基地与科技基础条件保障能力体系建设；二是加强科学与工程研究类国家科技创新基地建设；三是加强技术创新与成果转化类国家科技创新基地建设；四是加强基础支撑与条件保障类国家科技创新基地建设；五是加强科技基础条件保障能力建设；六是全面推进科技资源开放共享和高效利用

资料来源：赛迪智库整理，2018年1月。

三、创新创业生态环境持续优化

为进一步系统性优化创新创业生态环境，强化政策供给，突破发展瓶颈，充分释放全社会创新创业潜能，在更大范围、更高层次、更深程度上推进大众创业、万众创新，2012—2017年，国务院出台了涉及创新创业的政策文件将近50余份，如《关于发展众创空间推进大众创新创业的指导意见》《关于进一步做好新形势下就业创业工作的意见》《关于大力推进大众创业万众创新若干政策措施的意见》等，根据创新创业全生命周期管理，以上政策措施基本囊括了研发、科技孵化、创业、科技成果转化，以及市场退出等所有环节，涉及创新体制机制、科技成果转移转化、政府采购、投融资体系、科技人员激励机制、财税政策、知识产权保护、科技基础设施共享、行政审批和商事制度改革、进出口等方面。例如，在创新创业平台建设层面，2016年5月，国务院发布《关于建设大众创业万众创新示范基地的实施意见》（国办发〔2016〕35号），2017年6月，国务院发布《关于建设第二批大众创业万众创新示范基地的实施意见》（国办发〔2017〕54号），先后公布了96个双创基地，其中区域示范基地45个，高校和科研院所示范基地26个，企业示范基地21个。在政府采购层面，根据《关于创新管理优化服务培育壮大经济发展新动能加快新旧动能接续转换的意见》（国办发〔2017〕4号），在满足提供公共服务和机构自身运转基本需求的前提下，加大对初创企业提供的新产品、新技术、新服务的政府采购力度，探索首购、订购等非招标方式，扩大前沿领域创新产品和服务的率先示范应用。在税收优惠方面，根据《国务院办公厅关于加快众创空间发展服务实体经济转型升级的指导意见》（国办发〔2016〕7号），众创空间可适用加速折旧、进口税收优惠、研发费用税前加计扣、科技企业孵化器税收等税收优惠政策；在知识产权层面，《关于强化实施创新驱动发展战略进一步推进大众创业万众创新深入发展的意见》（国发〔2017〕37号）提出构建快速响应的知识产权运用和协同保护体系，以及探索建立海外知识产权援助机制。

表13－2　2016—2017年国务院发布支持“双创”政策汇总

时间	文件名称
2016年1月	《关于同意在天津等12个城市设立跨境电子商务综合试验区的批复》（国函〔2016〕17号）
2016年1月	《关于取消一批职业资格许可和认定事项的决定》（国发〔2016〕5号）
2016年1月	《关于同意建立服务业发展部际联席会议制度的函》（国办函〔2016〕8号）
2016年2月	《加快众创空间发展服务实体经济转型升级的指导意见》（国办发〔2016〕7号）
2016年2月	《关于第二批取消152项中央指定地方实施行政审批事项的决定》（国发〔2016〕9号）
2016年2月	《关于取消13项国务院部门行政许可事项的决定》（国发〔2016〕10号）
2016年2月	《关于同意开展服务贸易创新发展试点的批复》（国函〔2016〕40号）
2016年3月	《实施〈中华人民共和国促进科技成果转化法〉若干规定》（国发〔2016〕16号）
2016年5月	《关于建设大众创业万众创新示范基地的实施意见》（国办发〔2016〕35号）
2016年9月	《关于促进创业投资持续健康发展的若干意见》（国发〔2016〕53号）
2017年6月	《关于建设第二批大众创业万众创新示范基地的实施意见》（国办发〔2017〕54号）
2017年7月	《关于强化实施创新驱动发展战略进一步推进大众创业万众创新深入发展的意见》（国发〔2017〕37号）
2017年9月	《关于推广支持创新相关改革举措的通知》（国办发〔2017〕80号）

资料来源：赛迪智库整理，2018年1月。

四、科技创新基础设施及条件保障能力建设不断得到加强

当前，科技创新基础作为国家科技创新的重要载体和组成部分，是提高国家综合竞争力的关键。科技部、发改委、财政部联合发布《“十三五”国家科技创新基地与条件保障能力建设专项规划》（国科发基〔2017〕322号），旨在加快推动国家科研基地和平台建设，提升我国科技基础条件保障能力。规划围绕科学与工程研究类国家科技创新基地、技术创新与成果转化类国家科技创新基地、基础支撑与条件保障类国家科技创新基地三个门类明确各创新载体的使命、责任、建设重点以及运营管理机制。例如，国家工程研究中心定位是“面向国家重大战略任务和重点工程建设需求，开展关键技术攻关和试验研究，重大装备研制、重大科技成果工程化实验验证，突破关键技术和核心装备制约，支撑国家重大工程建设和重点产业发展的国家科技创新基地”，而国家科技资源共享服务平台则是“面向科技创新、经济社会发展和创新社会治理、建设平安中国等需求，加强优质科技资源有机集成，提升科技资源使用效率，为科学研究、技术进步和社会发展提供网络化、社会化科技资源共享服务的国家科技创新基地”。2017年9月，工业和信息化部、财政部、海关总署、国家税务总局四部门联合公布“享受支持科技创新进口税收政策的国家中小企业公共服务示范平台”，共有河北清华发展研究院、国家饮用水产品质量监督检验中心、江西省钨与稀土研究院、苏州电器科学研究院股份有限公司等17家机构入选。

信息物理基础设施是第四次工业革命的关键基础设施，加快工业互联网发展有助于提升我国智能制造和高端制造水平，实现实体经济与互联网、人工智能、大数据的深度融合。2017年11月，国务院发布《国务院关于深化“互联网+先进制造业”发展工业互联网的指导意见》（以下简称《指导意见》），提出加快推进宽带网络基础设施建设和改造，从供需两端发力，全面推动工业互联网平台建设，根据《指导意见》规划，到2020年，支持建设10个左右跨行业、跨领域平台，培育30万个面向特定行业、特定场景的工业APP，推动30万家企业应用工业互联网平台开展研发设计、生产制造、运营管理等业务。到2025年，重点工业行业实现网络化制造，工业互联网平台体

系基本完善，形成3~5个具有国际竞争力的工业互联网平台，培育百万工业APP，实现百万家企业上云。

第三节 制度体制条件

一、全面推进知识产权综合管理改革，助推创新驱动战略

知识产权制度是市场化配置创新资源的基本准则，着力提升知识产权体制机制运行效率有利于全面深入推进创新驱动发展战略的实施。通过知识产权综合管理改革彻底打通知识产权创造、运用、保护，以及管理和服务的全链条，可更有效地优化技术创新成果供给，促进创新资源合理配置，快速提升我国整体创新水平和经济发展新动力。同时，新一轮技术革命和产业革命蓄势待发，全球价值链分工加速重构，知识产权作为国际技术创新竞争力的重要凭证，推动知识产权改革是深化供给侧结构性改革的迫切需求。然而，当前我国知识产权领域深层次矛盾和问题不断涌现，存在知识产权大而不强、多而不优、保护不足、侵权易发等诸多问题，其中知识产权体制机制不健全是主要原因，按照类别多部门分别管理知识产权的模式，行政管理效率不高，公共服务水平难以满足社会需要，增加了市场主体创新和维权成本，已经到了非改不可的时候。另外，知识产权作为国际贸易和技术合作的通行规则，从各国实践看，对各类知识产权实行综合集中管理符合客观规律和国际通行做法。根据国际统计数据显示，截至2016年底，世界知识产权组织188个成员国中有181个国家实行综合管理，而与我国相似采用“分别管理”的国家不足10个。当前，随着我国“一带一路”国家战略的快速实施，企业“走出去”步伐日益加快，我国企业海外知识产权利益损害风险越来越大。迫于当前国内外发展形势，我国亟须全面推进更加高效的知识产权综合管理体制机制建设，有效推动国家创新驱动战略的实施。

2015年12月，《国务院关于新形势下加快知识产权强国建设的若干意见》（国发〔2015〕71号，以下简称《知识产权强国建设意见》），明确提出

推进知识产权管理体制机制改革，授权地方开展知识产权综合管理改革试点。在推进知识产权管理体制机制改革方面，《知识产权强国建设意见》提出四大改革领域，具体包括：研究完善知识产权管理体制、改善知识产权服务业及社会组织管理、建立重大经济活动知识产权评议制度、建立以知识产权为重要内容的创新驱动发展评价制度。其中，《知识产权强国建设意见》提出将知识产权产品逐步纳入国民经济核算，以及将知识产权指标纳入国民经济和社会发展规划，探索建立经营业绩、知识产权和创新并重的国有企业考评模式。在知识产权保护方面，具体措施包括：提高知识产权侵权法定赔偿上限、完善知识产权快速维权机制、建立健全知识产权保护预警防范机制、加强新业态、新领域创新成果的知识产权保护、规制知识产权滥用行为等。在促进知识产权创造运用方面，《知识产权强国建设意见》提出完善知识产权审查和注册机制，完善职务发明制度，推动专利许可制度改革等。2016 年 1 月，中央全面深化改革领导小组开展知识产权综合管理改革试点，国务院发布《〈国务院关于新形势下加快知识产权强国建设的若干意见〉重点任务分工方案》，明确落实各责任部门和单位。12 月，国务院办公厅印发《关于印发知识产权综合管理改革试点总体方案的通知》（国办发〔2016〕106 号，以下简称《总体方案》），明确由国家知识产权局牵头并会同工商总局、新闻出版广电总局（国家版权局）等部门加强对知识产权综合管理改革试点工作的指导。《总体方案》旨在破解制约知识产权支撑创新驱动发展的难题，形成分工合理、责权一致、运转高效、法治保障的知识产权体制机制。《总体方案》主要任务包括：建立高效的知识产权综合管理体制、构建便民利民的知识产权公共服务体系，建立健全知识产权评议、专利导航机制，完善知识产权风险预警体系，提升区域创新发展决策水平。

二、建立健全创新人才激励机制，激发创新原动力

制度创新是深化创新人才体制改革的关键所在，只有理顺创新人才流动和激励机制，才能有效破解人才流动的“天花板”。早期，我国人才激励政策多以阶段性专项计划为主，先后实施星火计划、火炬计划、攀登计划、百千万人才工程，以及燎原计划、211 工程、跨世纪优秀人才计划等专项计划。虽

然以上措施有助于我国科技人才的培育与发展，但由于不同时期政策缺乏有效的连贯性，导致创新人才培育政策的不可持续性，难以形成科技人才培养科学体系。2010年，国务院发布《国家中长期人才发展规划纲要（2010—2020年)》，提出每年培训100万名高层次、急需紧缺和骨干专业技术人才。为推动我国创新人才培养，科技部会同八部委编制《创新人才推进计划实施方案》《国家引进国外智力“十二五”规划》等政策文件，提出由科技部会同多部委成立部际协调小组，并完善专家咨询机制、绩效评估机制以及人才激励措施。例如，在人才激励方面，对科学家工作室采取“一事一议、按需支持”的方式，给予充分的经费保障，不参与竞争申请科研项目；首席科学家实行聘期制，赋予其充分的科研管理自主权，建立国际同行评议制度；扩大科研经费使用自主权。落实期权、股权和企业年金等中长期激励措施，加强科技与金融结合，加大对科技创新创业人才的支持力度。

2016年，《“十三五”国家科技创新规划》《关于进一步完善中央财政科研项目资金管理等政策的若干意见》《关于深化职称制度改革的意见》《国家创新驱动发展战略纲要》等相关政策文件，人才激励机制迎来最大的松绑。

第一，改进中央财政科研项目资金管理。首先，简化预算编制科目，下放调剂权限，直接费用中会议费、差旅费、国际合作与交流费合并为一个科目，合并后的总费用不超过直接费用的10%。其次，为增强对创新人才的激励效用，适当放大间接费用比重，对应500万元以下、500万~1000万元、1000万元科研项目间接费用分别从20%、13%、10%提高到20%、15%、13%。同时，针对研究生、博士后、访问学者以及项目聘用的研究人员、科研辅助人员等进一步明确劳务费开支范围和标准；对于在职在编的科研人员，取消绩效支出比例限制（原来为直接费用扣除设备购置费后的5%），项目承担单位可以在核定的间接费用比例范围内统筹安排，并与科研人员在项目工作中的实际贡献挂钩，科研项目资金的激励引导作用进一步增强。

第二，深化职称制度改革，激发创新创业。2016年3月，国务院印发《关于深化人才发展体制机制改革的意见》，提出“突出用人主体在职称评审中的主导作用，合理界定和下放职称评审权限，推动高校、科研院所和国有企业自主评审”。2017年1月，国务院发布《关于深化职称制度改革的意见》，旨在完善职称系列和评价标准，健全层级设置，促进职称制度与职业资格制度有效衔接，突出评价专业技术人才的业绩水平和实际贡献，并提升专业技术人才履行岗位职责的工作绩效、创新成果，增加技术创新、专利、成果转化、技术推广、标准制定、决策咨询、公共服务等评价指标的权重。同时，更加突出用人主体在职称评审中的主导作用，建立以同行专家评审为基础的业内评价机制，拓展职称评价人员范围，下放职称评审权限，厘清人才评价与用人单位评价脱节的症结。

第三，强化人才创新创业激励机制。根据《关于深化人才发展体制机制改革的意见》部署，破除人才流动障碍，完善知识产权保护制度，加快出台职务发明条例，研究制定创新成果保护办法，并建立创新人才维权援助机制、人才引进使用中的知识产权鉴定机制，以及完善知识产权质押融资等金融服务机制。与此同时，将科技成果使用、处置和收益管理自主权赋予高校和科研院所，允许科技成果通过协议定价、在技术市场挂牌交易、拍卖等方式转让转化。增强创新领军人才的人财物支配权和技术路线决定权，研究制定国有企事业单位人才股权期权激励政策。另外建立人才优先发展保障机制，将人才发展列为经济社会发展综合评价指标。为激励国家设立的研究开发机构、高等院校科技人员创新创业，职务科技成果权益收益提升至50%以上。

三、完善科技创新决策咨询机制，强化政策指导作用

新一轮科技革命和产业变革蓄势待发，技术创新演进路线和政策决策机制变得日益复杂，加快推进科技创新资源优化配置，建立多层次、多种模式科技创新决策咨询机制势在必行，以便更加有效、准确、及时、系统地掌握科技发展动态和政策建议，科学制定创新政策。当前，我国已经建立了诸如国家科技体制改革和创新体系建设小组、科技六部门会商会议和联席会议制度、部门专家顾问委员会和科学技术委员会等多渠道、多层次科技创新决策咨询机制，但是，由于我国政策咨询机制建设起步较晚，政策决策咨询机制不完善、政府部门职责不清、决策过程与程序不科学、监督机制不健全等诸多问题，直接掣肘我国创新政策的有效实施。例如，由于我国决策咨询程序不规范，专家咨询操作技术缺乏科学性，政府确定决策咨询事项存在随意性，导致政府决策咨询机构与决策者之间缺乏良性互动，导致决策者不能全程参

与决策咨询活动，专家咨询建议存在滞后性，实施效果不显著。

2015 年 1 月，中共中央办公厅、国务院办公厅印发的《关于加强中国特色新型智库建设的意见》提出完善重大决策征集制度，建立健全政策评估制度和政府购买决策咨询服务制度。2015 年 9 月，中共中央办公厅、国务院办公厅印发了《深化科技体制改革实施方案》，其中提出加快推进国家科技创新决策咨询机制建设，成立国家科技创新咨询委员会，并创新政策调查和评价制度。为顺应技术创新主体多元化、创新活动多样性，以及创新路径复杂多变等新趋势，加快构建多元参与、协同高效的创新治理格局，2016 年 5 月，国务院印发实施《国家创新驱动发展战略纲要》，其中明确提出建立国家高层次创新决策咨询机制，有效界定政府和市场定位，强化政府战略规划、政策制定、环境营造、公共服务、监督评估和重大任务实施等职能。

四、强化科技成果转化体制机制改革，破除创新制度性障碍

科技要切实发挥对经济社会发展的引领和支撑作用，必须加强与经济的深度融合。2017 年，中央财政简政放权，积极破除科技成果转化的制度性障碍，同时，创新投入方式，完善投入机制，积极引导促进科技成果转化。

针对科研人员反映的科技成果转化过程审批烦琐、周期长、激励措施不到位，影响科技人员科技成果转化积极性等问题，2011 年，财政部下达了《关于在中关村国家自主创新示范区进行中央级事业单位科技成果处置权改革试点的通知》《关于在中关村国家自主创新示范区开展中央级事业单位科技成果收益权管理改革试点的意见》等文件，在示范区先行实施科技成果开展科技成果收益权管理改革。2014 年 9 月，财政部会同科技部、国家知识产权局发布实施《开展深化中央级事业单位科技成果使用、处置和收益管理改革试点》，选取 20 家中央级事业单位，开展为期一年的深化科技成果使用、处置、收益改革试点工作。按照权责一致、利益共享、激励与约束并重的原则，赋予试点单位对科技成果使用和处置的自主权，取消现行的主管部门和财政部门的审批和备案要求，科技成果转化收益全部留归单位，由试点单位依法自主分配，处置收益不再上缴国库，为科技成果转化“松绑加力”。相关改革试点政策已被写入修订后的《促进科技成果转化法》，并于 1 日起在全国范围内

实行。

新形势下，随着科技成果转化环境和国内外形势的巨大变化，早期的相关政策已与当前科技成果转化市场需求不相适应，存在诸如顶层设计缺位、政策协同性差和执行效力有限、科技成果处置权和所得收益分配权激励不足、相关法律界定不清晰等问题。针对以上问题，2015 年 9 月，国务院印发《深化科技体制改革实施方案》，在第五部分“健全促进科技成果转化的机制”中提出加快修订促进科技成果转化法、专利法、公司法等，完善职务发明制度，强化科技成果转化处置和收益的激励效应，将对重要贡献人员和团队的职务发明成果转让收益从现行不低于 20% 提高到不低于 50%。2016 年 2 月，国务院发布《关于印发实施〈中华人民共和国促进科技成果转化法〉若干规定》，其中明确提出“国家设立的研究开发机构、高等院校对其持有的科技成果，可以自主决定转让、许可或者作价投资”。4 月，国务院发布《关于印发促进科技成果转移转化行动方案》，根据方案部署，由教育部、科技部分别牵头推动科研机构及高校建立职称评定、岗位管理和考核评价制度，研究探索科研机构及高校领导干部正职任前在科技成果转化中获得股权的代持制度。

五、进一步优化创新创业财税体系，拓展企业融资渠道

当前，我国创新创业财税体制机制已经较为健全，基本涵盖了创新创业的全生命周期，随着我国创新驱动战略的深度实施，在财税政策方面也将迎来更大的支持力度，涉及企业融资、税收优惠、政府财政资金投入以及创新载体建设等多个层面。

在企业融资方面，为破解创新创业融资难题，2017 年 7 月，国务院发布《关于强化实施创新驱动发展战略进一步推进大众创业万众创新深入发展的意见》（国发〔2017〕37 号），将“拓展企业融资渠道”专门作为意见的重要组成部分进行政策分解，在强化普惠性金融服务的同时，完善债权、股权等融资服务机制，为科技型中小企业提供覆盖全生命周期的投融资服务。同时，开展投贷联动试点工作，推广专利权质押等知识产权融资模式。

在政府财政资金投入方面，由国家新兴产业创业投资引导基金、国家中小企业发展基金、国家科技成果转化引导基金作为投资主体设立系列创业投

资子基金，并引导和规范地方各级人民政府设立创业投资引导基金。同时，改革财政资金、国有资本参与创业投资的投入、管理与退出标准和规则，建立完善与其特点相适应的绩效评价体系。《关于推广支持创新相关改革举措》（国办发〔2017〕80号）则提出，由财政部、工业和信息化部、中国证券监督管理委员会等部门协同推进“以关联企业从产业链核心龙头企业获得的应收账款为质押的融资服务”“面向中小企业的一站式投融资信息服务”“贷款、保险、财政风险补偿捆绑的专利权质押融资服务”三项科技金融政策的实施。

在创新载体建设方面，2017年，国务院出台《关于加快众创空间发展服务实体经济转型升级的指导意见》（国办发〔2016〕7号），充分利用创新工具对众创空间进行支持。一是直接资金奖励和补偿，对众创空间的办公用房、用水、用能、网络等软硬件设施给予补助。二是实施税收优惠政策。众创空间可享受研发仪器设备加速折旧政策、进口税收优惠政策、研发费用税前加计扣除政策、科技企业孵化器税收政策等优惠政策。同时，支持四众（众创、众包、众扶、众筹）平台企业和采用众包模式的中小微企业及个体经营者按规定开具电子发票，并允许将电子发票作为报销凭证。三是在科技成果转化方面，全面落实下放科技成果使用、处置和收益权，对本单位科研人员带项目和成果到众创空间创新创业的，可在3年内保留人事关系，与原单位其他在岗人员同等享有参加职称评聘、岗位等级晋升和社会保障等方面的权利。

六、消除行业进入壁垒，最大限度激发微观创新活力

随着我国创新驱动战略和供给侧结构性改革的不断推进，我国科技创新体制机制改革进入深水区，贯彻落实“五位一体”总体布局和“四个全面”战略布局势必要打破新技术、新行业进入传统行业壁垒，扫清“民参军”制度性障碍，构建更加包容开放的创新创业环境。国务院于2015年7月发布的《关于积极推进“互联网+”行动的指导意见》（国发〔2015〕40号）中指出，放宽融合性产品和服务的市场准入限制，制定实施各行业互联网准入负面清单，最大限度减少事前准入限制，加强事中事后监管；继续深化电信体制改革，有序开放电信市场，加快民营资本进入基础电信业务。2016年12

月，国务院颁布《“十三五”国家信息化规划》（国发〔2016〕73号），指出健全并强化竞争性制度和政策，放宽融合性产品和服务准入限制，建立网信领域市场主体准入前信用承诺制度，推动电信和互联网等行业外资准入改革，推动制定新兴行业监管标准，建立有利于信息化创新业务发展的行业监管模式。2017年11月，国务院发布《国务院关于深化“互联网+先进制造业”发展工业互联网的指导意见》，提出进一步深化简政放权、放管结合、优化服务改革，放宽融合性产品和服务准入限制，扩大市场主体平等进入范围，实施包容审慎监管，简化认证，减少收费。随后，国务院发布《国务院办公厅关于推动国防科技工业军民融合深度发展的意见》（国办发〔2017〕91号），提出修订军工企业股份制改造分类指导目录，在确保安全保密的前提下，支持符合要求的各类投资主体参与军工企业股份制改造。在涉及军工创新资源方面，进一步推动国防科技重点实验室、国防重点学科实验室、国防科技工业创新中心优化布局与建设，并分类推进开放共享。

第十四章　2017 年中国工业技术创新重点政策解读

第一节　技术创新政策

一、主要政策分析

技术创新引领着时代发展的潮流，是国家转变发展方式、优化经济结构、转换增长动力的战略支撑。党的十九大强调要突出关键共性技术、前沿引领技术、现代工程技术、颠覆性技术创新，为建设科技强国与质量强国提供有力支撑。技术创新是国家发展的核心驱动力，为国家跻身世界科技强国，塑造国际先发优势创造条件。为实现创新型国家建设的宏伟蓝图，我国相继出台了一系列创新发展政策，包括《关于发挥民间投资作用推进实施制造强国战略的指导意见》《新一代人工智能发展规划》《国家技术转移体系建设方案》等一些战略性纲领性文件，致力于完善我国技术创新发展环境，打造技术创新发展的支撑平台，助力我国创新型国家建设。

（一）2017 年技术创新政策基本情况

2017 年，为推动国家的创新发展建设，国务院、工信部、发展改革委、科技部等陆续发布了《促进新一代人工智能产业发展三年行动计划（2018—2020 年）》《关于积极推进供应链创新与应用的指导意见》《关于推动国防科技工业军民融合深度发展的意见》《关于强化实施创新驱动发展战略进一步推进大众创业万众创新深入发展的意见》等创新政策（详情见表 14－1），涉及科技政策的体制机制改革、新兴产业发展、军民产业融合、地区创新发展、创新创业发展等多个方面，为创新驱动发展搭建平台，拓展产业发展与融合的路径，制定科技成果转移转化战略性发展纲要，促进地区间、行业间的资源共享，完善产业间的资源配置，有效开展跨学科跨领域的协同创新。2017年的技术创新政策，扩大了政策的监管与实施力度，制定针对性的建议与对策，切实将创新政策落到实处，鼓励更多的个体、单位、组织深入参与创新创业项目，推动民间资本对创新的驱动作用，扩大了创新战略实施的广度与深度。

表14－1　2017年我国重点技术创新政策

时间	颁布部门	政策
2017年2月6日	国务院办公厅	《关于促进开发区改革和创新发展的若干意见》（国办发〔2017〕7号）
2017年5月24日	国务院办公厅	《关于县域创新驱动发展的若干意见》（国办发〔2017〕43号）
2017年7月20日	国务院	《新一代人工智能发展规划》（国发〔2017〕35号）
2017年7月27日	国务院	《关于强化实施创新驱动发展战略进一步推进大众创业万众创新深入发展的意见》（国发〔2017〕37号）
2017年9月14日	国务院办公厅	《关于推广支持创新相关改革举措的通知》（国办发〔2017〕80号）
2017年9月26日	国务院	《国家技术转移体系建设方案》（国发〔2017〕44号）
2017年10月13日	国务院办公厅	《关于积极推进供应链创新与应用的指导意见》（国办发〔2017〕84号）
2017年10月27日	工业和信息化部、国家发展和改革委员会、科学技术部、财政部等	《关于发挥民间投资作用推进实施制造强国战略的指导意见》（工信部联规〔2017〕243号）
2017年11月27日	国务院	《关于深化“互联网＋先进制造业”发展工业互联网的指导意见》
2017年12月4日	国务院办公厅	《关于推动国防科技工业军民融合深度发展的意见》（国办发〔2017〕91号）
2017年12月14日	工业和信息化部	《促进新一代人工智能产业发展三年行动计划（2018—2020年）》（工信部科〔2017〕315号）

资料来源：赛迪智库整理，2018年1月。

（二）2017 年主要创新政策解读

1. 国务院办公厅关于促进开发区改革和创新发展的若干意见

为深入贯彻落实《关于构建开放型经济新体制的若干意见》，充分发挥开发区在工业化、城镇化快速发展和对外开放建设中的关键作用，国务院办公厅于 2017 年 2 月 6 日印发了《关于促进开发区改革和创新发展的若干意见》(以下简称《促进开发区发展意见》)。《促进开发区发展意见》紧密围绕开发区的改革与创新的发展目标，开展体制机制的改革工作。在优化开发区形态与布局方面，从功能定位、发展方向与协调发展方面提出了优化开发区布局的建议与对策。在创新驱动发展、产业结构优化、开放型经济发展、绿色发展方面提出了开发区转型升级的新要求，通过各项专项资金提升开发区的基础设施水平。《促进开发区发展意见》重点关注开发区的体制改革，制定了管理、投资、建设、运营等方面的体制改革方案，用以提升开发区的管理效率，优化开发区整体效能。《促进开发区发展意见》还将促进开发区在土体利用、管理制度等方面的改革，围绕土地管理、规划管理、评估管理、审批管理以及动态管理方面开展相关管理活动升级。

2. 国务院办公厅关于推广支持创新相关改革举措的通知

为破除创新政策的体制机制的限制，大力营造创新改革举措，2017 年 9 月 14 日国务院发布了《关于推广支持创新相关改革举措的通知》（以下简称《推广支持创新举措通知》），确立了京津冀、上海、广东（珠三角）、安徽（合芜蚌）、四川（成德绵）、湖北武汉、陕西西安、辽宁沈阳八个改革试点，推广部分政策先行在试点实施，再逐步推广到全国领域。《推广支持创新举措通知》确立了四个方面共十三项推广举措，涵盖了金融创新、政策改革、人才引进以及军民融合等领域。对于外籍人才引进方面，现阶段只在八个试点进行开放实施，要求各地区、各部门认真做好推广实施工作，实现改革举措在地方的推进对接。推广举措融合了产业标准、军民融合政策、税务联合服务、风险服务、创新激励以及融资服务等多项具体方案，特别强调了密集型产业一站式服务，以及中小企业和产业链龙头企业的政策建设。制定推行四项关于人才引进制度的政策与措施，积极推动高端人才、外籍人才对创新建设的支持作用。从整合共享、创新合作与准入标准等方面对军民融合创新方面开展创新改革。

3. 国家技术转移体系建设方案

为积极推进我国科技成果转化进程，提升国家整体创新水平，党中央、国务院高度重视科技成果的转移转化，2017 年 9 月 26 日推出了《国家技术转移体系建设方案》（以下简称《技术转移体系方案》），旨在提升我国的科技成果转移转化成效，构建完善合理的国家技术转移体系。《技术转移体系方案》从三个方面来构建国家技术转移体系，一是为科技成果转移提供坚实的物质基础；二是疏通科技成果转移转化路径；三是为加大成果转化政策的落实力度。《技术转移体系方案》的预期发展目标为到 2020 年，适应新形势的国家技术转移体系基本建成，到 2025 年，形成互联互通的技术市场，使得人力物力资本等各要素实现最优配置。国家技术转移体系涉及的主体较多，需要主体不断协同合作，打通科技成果转移转化的路径，为科技成果转化提供政策、资金等方面的支持。

4. 国务院办公厅关于积极推进供应链创新与应用的指导意见

为加快供应链的协同发展，深化供应链与互联网、物联网的融合发展，国务院于 2017 年 10 月 13 日印发了《关于积极推进供应链创新与应用的指导意见》（以下简称《供应链创新指导意见》），旨在提升我国供应链的质量与效率，实现供应链整体全过程的协同发展。《供应链创新指导意见》确立了供应链的指导思想与预期发展目标，预期在 2020 年建成符合我国发展的智慧型供应链发展体系。在供应链的发展中，《供应链创新指导意见》提出六个方面的重点任务，涉及农业的产业对接、协同智能发展、绿色发展、金融发展、全球化发展等多项内容。在推进农村一二三产业融合发展方面，基于供应链视角提出了对组织体系改革、科学化生产以及质量溯源等方面的工作，积极提升供应链的协作水平。通过融入企业精益供应链等管理技术，发展快速响应客户需求的供应链。在发展服务型制造方面积极探索，延伸产业链的价值。《供应链创新指导意见》指出要促进制造供应链可视化和智能化，以提高企业敏捷制造的能力。在保障供应链发展方面，《供应链创新指导意见》从政策环境、试点建设、服务体系、标准建设、人才建设与组织建设等方面提出了供应链发展的保障支持。

5. 国务院关于深化“互联网＋先进制造业”发展工业互联网的指导意见

工业互联网集信息与制造一体化发展，成为全球新科技革命竞争的关键。为推进我国智能化的新型网络发展，助力我国制造强国与网络强国的建设，为我国工业互联网的发展提出规范性建设意见与发展方向，国务院于 2017 年 11 月 27 日颁布了《关于深化“互联网＋先进制造业”发展工业互联网的指导意见》（以下简称《发展工业互联网指导意见》）。《发展工业互联网指导意见》开展七大领域七项重点工程建设，涵盖了从工业互联网基础建设到平台以及产业建设等多个方面，特别强调了生态体系、安全保障以及开发合作等方面的合作。从法律法规、市场环境、税收支持、金融支持、人才支持与实施保障六个方面提出了推动我国工业互联网发展的指导意见。未来工业互联网的预期发展目标的“三步走”计划包括：到 2025 年，构建覆盖各地区、行业的国际竞争力的基础设施与产业发展体系，在 2018—2020 年三年起步阶段，初步构建网络基础设施、标识解析体系、平台体系与安全保障体系；到 2035 年，建成国际领先的设施、平台体系，完成我国在工业互联网中创新引领能力与安全保障能力的提升，实现我国在工业互联网重点领域达到国际先进水平；到 21 世纪中叶，实现工业互联网基础设施的全面建设，为提升我国的综合实力跻身世界前列提供全面支持。

6. 关于发挥民间投资作用推进实施制造强国战略的指导意见

科技与产业的转型升级，使得制造业对国家经济发展与战略实施发挥着关键性作用。由于民间投资在制造业领域占据近 85% 的投资比重，为了激发民间对于制造业的投资活力，落实《中国制造 2025》战略方针，推动制造业的高端化、智能化发展，打造绿色制造产业以及制造服务产业的升级。2017 年 10 月 27 日，工业与信息化部联合 16 个相关部门发布了《关于发挥民间投资作用推进实施制造强国战略的指导意见》（以下简称《指导意见》）。《指导意见》制定了“发挥民间投资作用推进实施制造强国战略”的指导思想，确立了以市场为主导、以问题导向的原则，以协同推进、公平共享理念推动政策的实施。主要任务包含了能力提升、结构优化、绿色改善、服务提升和质量提升等若干方面。能力提升包含创新发展能力、“两化”融合能力以及参与工业基础能力三个方面。在创新发展能力方面，积极发挥骨干企业在制造业创新中心的作用，培育行业领军企业，发挥民营企业在重大工程及任务研发工程的作用。基于产学研合作机制、知识产权联盟建设，提升民营企业在成果转化与知识产权保护方面的能力。在参与工业基础方面，工业和信息化部、财政部等部门将联合开展“四基”发展、“一揽子”突破行动、工艺“一条龙”示范工程，通过产业技术基础公共服务平台建设和专精特新“小巨人”企业培育等一系列行动举措在推动企业工业技术能力的提升。品牌建设是民营企业提质增效的关键抓手，为有效推动民营企业的质量品牌水平，《指导意见》将着力开展先进质量管理方法、质量品牌公共服务平台、产品质量标准以及品牌管理体系等方面的工作，为民营企业的品牌发展提供更多的支持服务。

7. 国务院办公厅关于推动国防科技工业军民融合深度发展的意见

国防科技工业是军民融合产业发展领域的关键，深化国防科技工业的改革，将对推动国家整个军工产业的发展起到至关重要的作用。国务院办公厅针对国防科技工业改革，在2017年12月4日发布了《关于推动国防科技工业军民融合深度发展的意见》（以下简称《军民融合发展意见》），旨在提升国防科技工业的军民融合程度，推动国家的军民融合产业发展建设。《军民融合发展意见》指出要推动军民资源共享，加强军工企业的协同创新能力，促进军民技术的转化推广；确定了三个军民发展重点建设领域，分别为太空领域、网络空间领域、海洋领域，基于军民需求对核心领域的关键技术进行重点研发；积极发挥军工技术对国家经济的拉动作用，对《军用技术转民用推广目录》和《民参军技术与产品推荐目录》的关键技术重点支持，以国防科技工业军民融合综合改革试点推动军民技术对区域经济的融合推动，推动国家在关键领域的技术创新发展。

二、主要特点分析

（一）进一步促进了《中国制造2025》十大重点领域的产业链与创新链融合发展

《中国制造2025》确立了新一代信息技术产业、高档数控机床和机器人、航空航天装备、海洋工程装备及高技术船舶、先进轨道交通装备、节能与新能源汽车、电力装备、农机装备、新材料、生物医药及高性能医疗器械十大重点领域，2017年的技术创新产业政策围绕新一代信息技术产业，相继印发了《新一代人工智能发展规划》《促进新一代人工智能产业发展三年行动计划（2018—2020年）》《国务院关于深化“互联网+先进制造业”发展工业互联网的指导意见》等一些支持工业转型重点领域的政策举措。针对人工智能领域，国家连续发布了两项重要的政策举措，即《新一代人工智能发展规划》《促进新一代人工智能产业发展三年行动计划（2018—2020年）》，旨在抢占人工智能发展领域的国际制高点，以技术拉动产业升级，切实推动我国的人工智能理论、技术以及产业的综合发展。这些政策制定了国家在人工智能领域的未来发展目标以及“三步走”的战略规划，以逐步推进我国在人工智能领域的产业链与创新链的融合发展，跻身于人工智能领域的世界前列。在工业互联网领域，为促进互联网与先进制造业融合发展，指明了工业互联网到2035年的三阶段发展目标，提出要构建完善的工业互联网的发展体系，打造工业互联网的发展平台，为国家的工业互联网发展提供保障与支持。国家在《中国制造2025》重点领域的政策颁布，是我国在工业转型升级的战略部署以及对产业布局发展的高瞻远瞩。

（二）有力推进了我国若干重点区域创新驱动发展战略的深入实施

为促进《国家创新驱动发展战略纲要》的实施，国家陆续又出台了一系列的辅助支持政策，《国务院办公厅关于促进开发区改革和创新发展的若干意见》《国务院办公厅关于县域创新驱动发展的若干意见》以及《国务院关于强化实施创新驱动发展战略进一步推进大众创业万众创新深入发展的意见》等一些针对性较强的战略方针。创新驱动发展的政策从国家整体向地方过渡，深入推动县域以及开发区的创新驱动发展建设，促进大众创业与万众创新的进一步升级，扩大创新驱动发展战略的实施力度。在促进开发区的创新发展过程中，《国务院办公厅关于促进开发区改革和创新发展的若干意见》指出要加快开发区的转型升级，利用开发区精简高效的管理特色，深入贯彻实施创新发展战略，优化开发区在科技创新、制度创新等方面的工作；推动开发区内企业技术中心的投资，为创新发展提供公共技术平台，通过专项基金支持、人才支持等创新服务，为开发区的自主创新建设提供优质的外部环境。在发展县域创新方面，《国务院办公厅关于县域创新驱动发展的若干意见》对未来县域的创新发展制定了战略规划，逐步推进县域创新发展水平的提升；加快县域创新的人才建设、载体建设，发挥创新驱动对精准脱贫的支持作用；通过基金支持与人才计划，推进县域的创新创业建设。《国务院关于强化实施创新驱动发展战略进一步推进大众创业万众创新深入发展的意见》则从创新成果转化、融资渠道、经济转型升级、人才流动等方面提出了深入推动大众创业万众创新的政策，特别强调要创新政府职能，提供优质的创新创业环境。

（三）强力推动了我国技术创新关键环节的协同发展

随着我国创新创业体制机制的日趋完善，产业间的协同合作不断加强，创新资源在创新主体间的融合不断深入，产业间的协同与互补关系得到加强。为了巩固和完善产业间的协同共享机制，国家从不同层面颁布了若干政策。在《国务院办公厅关于促进开发区改革和创新发展的若干意见》中，从开发区建设方面，指出要推动区域间的开发区合作，鼓励东西部地区产业不断融合，合作共建开发区。《国务院关于强化实施创新驱动发展战略进一步推进大众创业万众创新深入发展的意见》指出要加强创新主体间的协同，促进企业间、城乡间的优势互补，形成多元主体资源共享合作共赢的良好局面。开展实体经济的转型升级，通过新技术、新业态、新模式拉动传统产业改造升级，促进新兴产业与传统产业的互助共赢。《国务院办公厅关于推动国防科技工业军民融合深度发展的意见》则从军民资源共享角度，提供了军民协同创新机制，针对重大专项进行广泛的协同合作，推动军民资源的共享，促进国防科技工业的军民深入融合，优化国防科技工业体系；对军工重大实验设施开展军民共享，使得军工资源常态化开发共享。《新一代人工智能发展规划》与《促进新一代人工智能产业发展三年行动计划（2018—2020年）》都强调了协同创新对于人工智能产业发展的重要性，提出要通过平台建设与开源开放促进人工智能产业与其他产业的融合发展；强化部门之间的协同联动，组织开展协同攻关，支持人工智能关键技术的产业化发展。《国家技术转移体系建设方案》指出要引导各类创新主体组建产业联盟，强化信息合作与资源共享，为技术转移活动提供服务支持。《国务院办公厅关于积极推进供应链创新与应用的指导意见》则从供应链协同发展的视角提出了产业融合发展的目标。《国务院关于深化“互联网＋先进制造业”发展工业互联网的指导意见》鼓励企业通过工业互联网平台进行资源整合，建设工业互联网创新中心，将不同协同主体间的资源进行协同共享，促进成果的产业化发展；建立有效的反馈渠道，促进部门间的对接合作，提升工业互联网的协同管理能力。

（四）打造绿色和谐的技术创新发展产业链

为巩固与推进“五位一体”总体布局，协调推进“四个全面”战略布局，将创新、协调、绿色、开放、共享的发展理念贯彻落实到产业的发展中，国家陆续出台政策推动技术升级，发展绿色制造产业。在绿色发展理念的带动下，国家颁布了推进行业、产业绿色发展的政策措施。《关于发挥民间投资作用推进实施制造强国战略的指导意见》特别强调了制造业的绿色发展理念，提出要推动绿色制造升级，开展排污升级与企业的绿色改造，建立节约友好的生产营销体系。《国务院办公厅关于促进开发区改革和创新发展的若干意见》则在开发区建设中，提出要推动开发区实现绿色发展，积极推行低碳化、循环化、集约化在产业发展中的运用，鼓励开发区在园区内进行绿色工厂建设，推进园区的循环化生产改造升级，搭建绿色发展服务平台，促进资源共享、废物处理，实现绿色循环低碳发展理念与产业发展的对接。《国务院办公厅关于积极推进供应链创新与应用的指导意见》提出了供应链的绿色发展理念，在绿色制造与流通方面提出了发展要求，建立逆向物流体系，提高产业的回收与再制造。

三、存在问题

（一）创新政策的落实工作需进一步完善

为推动我国创新驱动发展战略的实施，国家出台了一系列助力创新发展的政策举措。科技部万钢部长在2017年全国科技工作会议中指出要把工作重心强调放在政策的全面落实上，加快政府职能的转化，提升科技创新对社会发展的推动作用。国家加大了对产业的创新政策支持，但是就政策如何与产业对接的工作开展的监督管理尚需完善。技术创新政策落地方面，一方面在政策制定过程中，政府对产业发展的前期调研需进一步提升，由于资源配置与人员素质的不匹配，使得政策在产业的推广难度较大；另一方面，政策的推广导致部分群体的利益受损，使得政策无法推行或者出现政策执行不规范等一系列的问题。与此同时，政策在推行过程中涉及的部门较多，对政策的解读也会存在偏差，部门之间的配合问题也会导致政策在推行过程中出现问题。因此，当前如何化解政策执行偏差以及调配部门之间联合推进创新政策的精准实施是现阶段的当务之急。

（二）技术创新的效率提升举措亟待细化

创新的效率与质量是近年来国家政策关注的热点，但国家对于效率提升的政策过于宽泛，如何提升效率并没有明确的指导。在国家的产业政策支持下，部分产业产能过剩，创新效率并没有转化为经济增长动力。对于技术创新的发展，国家投入了大量的人力物力支持，对于各部门的创新评价往往集中在创新的数量上，对于创新效率的考察相对薄弱。效率评价的缺失带来了技术创新投入的冗余，技术创新的效率相对较低。国家近年来逐渐开始重视创新的质量与效率，要求创新机构提高创新活动的质与量，但是现阶段我国的技术创新质量提升仍缺少必要的环境支持。现阶段，国家在大力发展质量与效率建设，尽管《中共中央国务院关于开展质量提升行动的指导意见》《国务院办公厅关于促进开发区改革和创新发展的若干意见》《国务院关于强化实施创新驱动发展战略进一步推进大众创业万众创新深入发展的意见》都提出了要提升创新的质量与效率，但多集中在提升政府的审批效率、资源利用效率、成果转化效率等多个方面，但是对于推进技术创新的效率提升的文件相对较少，且都集中在宏观指导方针的统筹方面，具体操作政策的制定相对匮乏。

（三）技术创新的激励机制有待健全

李克强总理在2017年全国科技大会讲话中指出，必须深化科技体制改革，健全创新激励机制。现阶段，科研工作者受到诸多政策的限制，在资金使用的灵活度方面的权限较低，在科研立项、经费管理、职称评定、岗位设置等方面压力较大，科研院所与高校的负担较重，没有办法集中精力投身于技术创新发展工作中去，激励政策没有全面激发科技人员的创新活力。青年科技工作者在科技工作中的薪酬制度并不完善，并没有充分支持科技创新工作。科技工作者普遍反映经费使用困难，高校与科研院所对经费使用的自主权较低。现阶段部分创新项目的申报与审批程序复杂，科研人员容易被一些规则制度所困扰。对于一些周期较长的基础性研究项目，科研工作者面临的问题较多，国家应该给予支持力度需要进一步加强，以保证科研工作者拥有良好的研究环境，为我国的原始创新产出贡献更多的力量。

（四）区域创新的资源配置发展不均衡

随着创新驱动发展的不断深入，区域创新与县域创新发展不均衡的问题日益突出，对我国创新发展与区域协调形成制约。《中国区域创新能力评价报告 2017》显示东部依然是创新能力最强的地区，区域间仍存在一定差距，中西部地区依然较弱。东部地区无论在创新投入还是在创新产出方面，都远高于中西部地区，中西部创新发展的滞后性显著。从资源配置方面，我国地域间的创新资源分布差距明显，资源配置效率低、市场价格扭曲等一系列资源配置问题仍然存在，严重制约了地区间的创新发展。此外，中西部地区的创新发展理念落后、创新模式滞后等地方发展问题，也给区域的创新发展带来了阻力。中西部地区的资源配置问题也较为突出，对中小型企业的创新支持力度明显不足，倾向于“抓大放小”，人才引进与培育机制也相对欠缺，导致中西部地区与东部的创新差距愈加显著。优化区域间的资源配置，改善落后地区的创新发展水平，对于区域创新的发展至关重要。

四、对策建议

（一）政府要完善政策落地的顶层设计

创新政策的落实推进，需要政府部门疏通渠道。通过全面的顶层设计，为政策落地搭建平台，创造产业发展的优质外部环境，转变政府职能，为创新政策的实施创造条件。针对创新政策与产业对接脱节的问题，要加强政府监管的力度，增加基层人员的培训力度，提升政策执行者的素质，以便于政策的准确传达与精准执行。政府在制定政策的过程中，要调配更高素质的人才深入产业前线，收集现阶段亟待解决的问题，建立动态更新的产业问题资料库，在政策制定前期通过信息收集，推动政府政策制定的时效性与前瞻性。要兼顾各方的利益，减少政策执行过程中的阻力，为政策的推行清除障碍，积极推动创新对产业的支持。合理配置企业资源，提供企业在执行政策过程中的资源保障，使企业有能力推进创新与产业的融合建设。与此同时，要推动创新人才建设，强化创新与产业融合的人才队伍的发展，认真落实人才发展政策，通过柔性引进机制，变革人才引进方式，为创新与产业的融合提供充足的人才支持。

（二）精准制定发布创新激励政策

积极推进创新激励政策的深度改革与实施，对国家发展的关键领域，通过政府创新引导基金激励企业开展创新活动，政府募集民间资本加上财政收入建立创新引导资金，对创新的关键环节进行引导基金支持。政府引导资金的作用，在推动企业创新活动的同时，引导民间资本加大对创新的投资力度，形成创新投资的良性循环。科技工作者是创新的关键要素，要充分激发科技工作者的创新积极性，健全创新激励体制机制，给予其科研工作在资源使用方面的灵活度，完善科技工作者在基础研究与原始创新方面的长效支持政策。通过薪酬激励、股权激励与税收激励三项融合激励，为科技工作者专心投身创新工作创造良好的外部条件，使科技工作者成为高收入、高地位的创新研发群体。对于创新人才的引进机制，要针对高科技人才制定个性化的引进制度，充分调动科技工作者的积极性，激励更多的国内外创新工作者为我国的创新事业服务，为我国的科技创新培养更多的国际领军人才，为我国创新驱动发展战略的实施构建一支国际化的前沿研发队伍。

（三）重点关注核心领域创新的效率提升

创新效率的提高不仅仅反映在创新资源的有效转化，还要体现在创新成果切实推动产业发展。对于国家的重点突破领域，要加强对创新效率的监管，对创新发展动态进行实时评估，保证创新资源顺利转化成创新成果。借助产学研合作创新，提升企业与大学、科研院所的合作频率，使学术界与实业界的资源可以得到最大限度的共享，创新人员可以更好把握产业需求，企业可以有效转化技术专利，最大限度实现创新成果产业化发展。在对创新效率进行评估的过程中，要兼顾创新成果的质量与创新成果的可转化程度。要注重创新成果的战略意义，关注成果是否实现国家发展的关键领域的重大突破，创新效率的提升要反映在重大成果产出方面。实行差异化的效率评估机制，摒除简单的投入产出效率评估方法。国家要对关键领域建立专门的产学研联盟，重点突破关键性技术，提供人才与平台支持，为创新效率的提升创造条件，要建立创新产出效率、创新转化效率的双效率支持机制，切实推动创新对国家重点产业发展的支持作用。

（四）优化区域创新的战略布局

政府要从地区创新发展的特点着手，调整地区的创新战略布局，优化区域间的资源配置，避免资源的重复低效率配置。支持西部重点产业的发展，促进对中西部创新的支持作用。政府要加快“放管服”的推进力度，加快政府职能的转化，减少政府对于资源配置的控制，加快市场准入机制，以市场需求为导向，形成以企业为主体的创新发展机制。要加快中西部的创新人才培育，推动区域经济的创新模式的转变，结合地方资源与发展特色，形成具有地方特色的创新发展机制。政府要转变自身在创新活动中的职能，促进创新资源配置的空间分布格局，努力营造良好的创新发展环境，构建创新发展的公共平台，为区域创新发展提供更优质的服务，助力区域创新的战略发展。

第二节　工业质量品牌标准政策

一、主要政策分析

（一）关于开展质量提升行动的指导意见

党的十九大提出要深化供给侧结构性改革，未来我国经济发展的趋势要强调供给体系质量，为我国经济的发展营造质量优势，整个国家都在不断推进经济的质量建设。2017 年 9 月 5 号中共中央国务院《关于开展质量提升行动的指导意见》（以下简称《质量提升行动指导意见》）正式颁发实施，这是国家从战略层面对经济发展质量追求的新高度。《质量提升行动指导意见》涵盖了全国各个行业的质量建设建议，经过多轮意见采集，最终由多部门联合签署发布。

《质量提升行动指导意见》强调了六方面共计三十条的行动任务，确立了总体发展方向，制定了农产品行业、药品行业、装备制造业、服务业等十五个领域的质量水平提升计划，明确了社会治理、公共服务、质量监督监管、品牌管理等社会服务方面质量规划。《质量提升行动指导意见》指出要夯实国家质量基础设施，从基础建设、融合发展、公共服务能力、技术性贸易措施四个方面形成对国家质量体系建设的有力支撑。在质量发展的政策与制度方面，《指导意见》提出了三个方面的发展方向，一是要完善质量相关的制度；二是要增加质量建设的人力物力支持；三是要加强质量建设的激励机制。最后，《质量提升行动指导意见》特别强调了质量管理的组织领导，指出质量工作要紧紧围绕质量强国战略，加强党对质量工作领导，狠抓质量工作的监督与考核，扩大质量工作宣传力度。《质量提升行动指导意见》的颁布与实施是国家经济质量提升的关键，也是国家全面建成小康社会决胜阶段核心推动力量。

（二）关于同意设立“中国品牌日”的批复

为大力营造中国品牌的影响力，贯彻落实国务院办公厅《关于发挥品牌引领作用推动供需结构升级的意见》的核心精神，国务院于2017年4月24发布《关于同意设立“中国品牌日”的批复》，将每年5月10日设立为“中国品牌日”。

“中国品牌日”的设立是我国品牌发展的重要标志，代表着我国经济由量变到质变的发展趋势，中国产品品牌化发展将会极大地推动我国质量强国目标的实现。“中国品牌日”是国家鼓励各大媒体积极宣传中国自主品牌特别设立的庆典日，在2017的“中国品牌日”，各个省市单位与组织纷纷组织“中国品牌日”系列活动，例如：中央电视台推出“中国品牌日”主题活动，包括“CCTV中国品牌榜”“中国品牌宣言书”等活动，推动中国品牌的宣传力度，提高全民的品牌意识，对中国的自主品牌进行大量宣传，提高我国自主品牌的知名度。“中国品牌日”将会成为我国品牌发展的里程碑。

（三）《中华人民共和国标准化法》（2017年修订版）

为进一步推动我国的标准化发展，十二届全国人大常委会通过了新标准化法的修订版本——《中华人民共和国标准化法》（2017年修订版）（以下简称新《标准化法》），国家主席习近平签署第78号主席令予以公布，自2018年1月1日起施行。

新《标准化法》相对于现行标准化法（以下简称“1988版”），共进行了21条修改，新增23条，删除7条，新增加了第四章监督管理。新《标准化法》强调要提升标准化的质量，对行业标准的制定要进行科学的论证，以保证标准化工作的科学性、规范性与时效性。在新《标准化法》中，国务院将建立标准化协调机制，对跨部门的重大标准化工作进行协同管理，鼓励企业、团体等参与国家标准的制定。新《标准化法》将推动我国标准化的国际化进程，鼓励各组织参与国际标准化的制定，并根据我国经济发展的情况进行国际标准的推广。在国家标准方面，新《标准化法》将制定强制化国家标准，并进行统计分析报告制度，对标准化的执行进行反馈，并进行相关标准的推广反馈，对影响经济发展的标准进行废除；对国家发展的关键领域设立国家标准，建立优先审批制度。为推动地方经济发展，新《标准化法》针对地方自然条件、风俗习惯，将组织制定具有地方特色的特殊要求的标准。在标准制定前，对标准化进行广泛的调研，以考察标准化的适用性。对于国家制定的强制性与推荐性标准，企业可以制定比推荐性标准更高的标准，但不能与强制标准相冲突，禁止标准影响正常的商品流通等市场活动。新《标准化法》新增加了团体标准，国家鼓励社会团体制定满足市场与创新实际需求的团体标准。新《标准化法》加大了对标准化制定部门的监督力度，对于标准化工作中出现的冲突，协调失败后可以提交国务院的协调机构进行处理，对违反标准化的企业及单位进行监督惩罚。此外，新《标准化法》规定军用标准由国务院及中央军委共同制定。新《标准化法》相对于“1988版”更加满足新时代国家经济发展的需要，将会极大地推动我国标准化工作的发展。

二、主要特点分析

（一）质量品牌建设进一步完善

伴随经济全球化的不断发展，质量品牌建设关乎国家在制造业领域的核心竞争力。《中共中央国务院关于开展质量提升行动的指导意见》（以下简称《质量提升行动指导意见》）充分体现了国家对质量品牌的关注与重视，在国家经济发展的关键领域，加强对质量相关部门进行有效的控制，完善健全质量品牌的体制机制建设，扩大质量工作监管力度，增加质量工作的宣传推广，建立质量建设的激励机制，推动更多的企业与单位参与到国家的质量建设中来。“中国品牌日”的设立为国家品牌发展与宣传提供了平台，为国家品牌与质量宣传起到了积极的作用，也代表着我国品牌日益朝着高端发展。中国的质量品牌建设的体制机制不断完善，为推动我国的质量强国建设提供了支持，也为国家品牌走向世界奠定了坚实的基础。

（二）推进我国标准化深入发展

标准是国家现代化发展与治理的关键支持制度，对国家的经济与社会发展都起到了战略支撑作用，随着我国产业的不断发展，我国的标准化建设日趋完善。《中华人民共和国标准化法》（2017 年修订版）（以下简称新《标准化法》）的颁布，对我国的标准化发展提出新的要求，指明了未来的发展方向。新《标准化法》将标准化发展的若干问题，进行了法制化的规范，对标准化的工作开展提出了更高的要求，使标准化工作的开展的针对性与时效性增强，满足新时代经济发展的需要。新《标准化法》制定国家级强制标准与推荐标准，以推动国家行业与产业的质量提升。为了推动国家标准化体系的制定与发展，国家鼓励社会团体、企业制定高于推荐性标准相关技术要求的团体标准、企业标准，并支持团体与企业在重要行业与领域进行标准制定。

（三）质量监督治理体制机制日趋完善

伴随着质量建设工作的开展，国家从经济发展的各个方面加大了质量建设的力度。《质量提升行动指导意见》对国家经济发展的重要行业与质量服务方面提出了新的发展要求，对质量发展的重要环节增加财政支持，加强质量管理的设施建设，为质量发展创造良好的环境，以满足国家战略发展的要求。在质量监督方面，《质量提升行动指导意见》和新《标准化法》都特别强调了质量的监督机制，对质量的开展工作以及负责人进行严格的监督管理。《质量提升行动指导意见》提出要建立中央质量督察工作机制，把质量考核加入到政府考核体系中，定期开展质量发展情况的监控状况分析，狠抓质量的监督审查。新《标准化法》则新增了一章关于监督管理的制度，明确各个部门的监督管理职责，确立了监督管理的制度。国家政策在质量建设方面的力度加强，将进一步推动国家的质量强国建设。

第三节 知识产权政策

一、主要政策分析

（一）2017 年深入实施国家知识产权战略加快建设知识产权强国推进计划

为加快推进我国知识产权强国建设日程，国务院知识产权战略实施工作部际联席会议办公室于 2017 年 6 月 28 日发布了《2017 年深入实施国家知识产权战略加快建设知识产权强国推进计划》（以下简称《知识产权推进计划》）。《知识产权推进计划》制定了知识产权体制改革、知识产权保护、知识产权创造与运用、知识产权国际化发展以及知识产权实施保障 5 个方面 103 条的知识产权发展战略方案，并分派给各负责部门联合推进计划的实施。

在知识产权体制改革方面，特别强调了知识产权服务业的体制改革，强调落实《知识产权综合管理改革试点总体方案》，提出了知识产权服务业“放管服”改革的战略发展方案，用以推动知识产权服务业试点改革的监督与建设，推广改革试点的成功经验。对知识产权保护体系的重大政策进行改革，完善知识产权的评价指标与评议体系，以及知识产权的相关管理与知识核算方法，将知识产权的相关内容纳入了党政领导干部的考核体系。从知识产权的保护方面，通过对法律法规的进一步修订，加强知识产权的保护力度，联合中华人民共和国最高法院、中华人民共和国最高检察院和公安部联合打击知识产权侵权行为，建立知识产权保护的长效机制。对知识产权保护的关键领域与关键环节开展联合行动，将知识产权违法行为纳入国家企业信用信息公示系统，加大知识产权侵权的惩戒力度。在知识产权的运用方面，从质量建设、综合利用建设与信息服务建设三维视角扩展知识产权运用的范围与推广力度。通过实施专利质量工程，开展质量提升的配套措施与平台建设，提升我国知识产权的整体发展质量。构建全国知识产权运营公共服务平台，推行改革知识产权利用的方案办法，使知识产权在精准扶贫、产业发展领域发挥积极的作用。基于知识产权的对外合作交流视角，通过政策完善、基金支持、“一路一带”沿线国家海关合作与援助支持，拓展知识产权交流的领域，推动“中华老字号”企业的国际化战略发展。通过对涉外知识产权项目、机制的完善，加强与各种国际联盟组织的合作交流，提升我国知识产权的对外合作水平。在知识产权的保障支持方面，加快知识产权相关政策的落实推进，重点加强知识产权专业人才的培养以及海外高端人才引进，实施知识产权文化建设工程，保障知识产权战略的实施与推进。

（二）知识产权人才“十三五”规划

为助力国家知识产权战略的实施，努力实现人才对于国家创新驱动发展的支撑作用，基于中共中央《关于深化人才发展体制机制改革的意见》《深入实施国家知识产权战略行动计划（2014—2020 年）》的指导思想，2017 年 6 月 2 日，国家知识产权局印发了《知识产权人才“十三五”规划》（以下简称《知识产权人才规划》）。《知识产权人才规划》阐述了知识产权人才“十三五”规划的定制背景，确立了人才发展规划指导思想、基本原则和发展目标，明确了人才发展规划的任务与重点工作，以及保障实施工作的具体开展。党的十九大指出要强化知识产权创造、保护、运用，培养一批高水平的科技创新团队。《知识产权人才规划》的制定与实施将会极大推动国家的创新驱动发展进程。

《知识产权人才规划》的目标是要完成“十三五”期间知识产权人才队伍在规模、质量、效能与环境方面的显著提升，满足国家经济发展对知识产权人才的需求。《知识产权人才规划》的核心围绕知识产权高端人才、知识产权紧缺人才以及各类各级人才队伍的综合建设三个方面开展，紧扣国家的发展战略积极推进人才培养工程，挑选知识产权领域的领军人才以及知识产权领域高层次人才，保证知识产权人才队伍持续快速高质量发展，为国家的知识产权战略发展培养一批高素质、高水平的专业化知识产权人才队伍。《知识产权人才规划》的重点工作侧重在三个领域，分别为知识产权的体制机制的完善、人才建设政策的制定与实施、知识产权建设重点项目与工程的建设。在知识产权人才发展领域，从知识产权人才的选拔、评价、流动与激励四个方面，调动知识产权专业人才最大化发挥效能。《知识产权人才规划》制定了知识产权人才建设的重点工程与项目，旨在推动知识产权在高端人才、紧缺人才与基础人才方面的建设，成立国家级的智库、知识产权培训基地以及人才培养示范区，积极推动知识产权人才建设在关键环节与重点领域的发展。《知识产权人才规划》制定了知识产权人才发展战略实施的保障措施，加强知识产权人才领域工作的统筹管理，积极落实知识产权人才工程与国家战略发展工程的对接，确保关键领域的重点工程的资金支持，通过打造知识产权人才工作宣传的精品项目，创造知识产权人才建设的文化氛围。

二、主要特点分析

（一）大力推动产业的知识产权综合能力发展

知识产权建设对产业发展具有重要推动作用，如何推动产业的知识产权服务，加大产业的知识产权保护力度是现阶段亟待解决的关键问题。针对产业的知识产权发展，国家出台了《2017 年深入实施国家知识产权战略加快建设知识产权强国推进计划》（以下简称《知识产权推进计划》），指出要推进国家的知识产权服务的试验区与示范区建设，评选出知识产权评议示范机构，为知识产权评议工作的开展提供支持。开展打击盗版的“剑网”行动以及维护我国海外形象的“清风”行动，对知识产权侵权重点领域进行专项治理，积极探索行之有效的治理模式。推进中小企业的知识产权战略实施工程，培育优秀的知识产权试点企业。对于国防产业的发展，《知识产权推进计划》将制定印发《关于促进国防知识产权向民用领域转移鼓励民用领域知识产权在国防领域运用的若干意见》。《知识产权推进计划》开展产业与行业的知识产权提升行动，对于重点行业定期发布知识产权态势报告，促进知识产权保护的深入开展。

（二）重点聚焦知识产权服务能力提升

2017 年，国家全面推进《深入实施国家知识产权战略行动计划（2014—2020 年）》的实施，提升国家的知识产权质量。《知识产权推进计划》重点强调了知识产权服务领域的建设，积极推动知识产权服务示范区建设，深化知识产权服务领域的改革，提出了“放管服”的综合发展指导方针；面向中小微企业遴选知识产权服务机构，助力企业知识产权发展；通过建立知识产权服务站，提升行业的知识产权服务能力，推动企业知识产权的国际化发展。

推动知识产权服务的专业化发展，为企业提供更全面的知识产权领域咨询以及知识产权信息，为企业定制合理的知识产权发展规划，推动企业的知识产权的专业化运营。促进知识产权服务体系的健全，能为企业提供知识产权维权服务，对企业知识产权实现全面保护。党的十九大报告中指出，要倡导创新文化，强化知识产权创造、保护、运用，推进国家在知识产权服务领域的政策落实力度，深化知识产权保护体系的发展，促进知识产权与市场的对接，提升知识产权在市场的有效转化利用，提高产业核心竞争力。《知识产权推进计划》通过实施中小企业知识产权托管试点工程、知识产权服务能力提升行动，为企业提供更多的知识产权服务，满足不同创新主体在知识产权发展领域的需求。《知识产权人才规划》强调在人才资源增量方面，“十三五”期间在知识产权服务业人才预期增加到15万余人，其中执业专利代理人达到2.5万人，促进知识产权服务业人才队伍的综合发展，提升知识产权服务人员的素质，使知识产权服务人才队伍朝着职业化、专业化发展。在知识产权基础人才建设工程中，增加知识产权服务项目和实践交流项目，强化专利审查机构与企业行业的对接。

（三）全面推进知识产权质量提升

2017年12月6日，世界知识产权组织发布了《2017世界知识产权指标》报告，报告显示，2016年中国的专利申请量位居全球首位，并在专利、商标与工业外观设计三个模块刷新了世界新高。中国已经成为全球知识产权大国，国家从战略层面上开始全面推进知识产权的质量提升，增加我国与其他国家的知识产权交流，推动我国知识产权的国际化发展进程。《知识产权推进计划》重点强调了知识产权创造质量的提升，实施专利质量提升工程，大力推进知识产权的审查复查机制，优化知识产权的反馈机制；增加知识产权的资助力度，建立以质量为导向的知识产权管理制度；完善与加强质量保障体系建设和质量审查外部反馈机制，在相关领域开展便利服务、“专利审查高速路”、在线申请系统、知识产权信息平台建设、知识保护名录数据库等高端服务建设，保证知识产权服务对知识产权的高端支持。《知识产权人才规划》提出了知识产权人才的高质量发展，通过专业的职业培训，提升专利审查人员与服务人员的知识产权的审查与代理质量。《知识产权人才规划》的重点任务特别强调了培养和选拔高端引领的知识产权高层次人才，鼓励各地引进高端知识产权人才，促进高端资源向知识产权落后地区的流动支持，促进各个地区的知识产权向高质量层次的迈进；确立知识产权高端引领人才工程专栏，集中推进知识产权领域人才的建设，推动人才培养的高水平发展，实现高端专业人才对国家的知识产权强国战略实施的支持。在知识产权国际化发展方面，《知识产权推进计划》强调深化知识产权的国际化交流，通过与国际知识产权组织的交流与合作，创造我国知识产权国际化发展的环境，提升知识产权的对外合作能力，使我国的知识产权发展与国际标准接轨。《知识产权推进计划》还强调了“一带一路”沿线国家、金砖国家知识产权合作，助力了《支持中小企业参与“一带一路”建设专项行动》（工信部联企业〔2017〕191 号）的知识产权战略发展。《知识产权推进计划》完善了全球专利数据库以及国际专利与战略新兴产业对照表，推进了战略新兴行业的发展。《知识产权人才规划》指出要建设具有国际竞争力的知识产权领军人才队伍，培养知识产权人才的国际视野，集结具有丰富国际交流经验和处理知识产权国际事务能力的人才，构建国际化的知识产权人才队伍，为国家的知识产权发展打下坚实的基础。

展 望 篇

第十五章　2018 年中国工业行业技术创新发展形势展望

展望 2018 年，新一轮技术和产业变革引发的国际竞争将日益加剧，世界各国将进一步加强工业技术创新战略部署，加快建设产业技术创新载体，加速推动基础研究、应用研究进程，力图引领全球创新经济、开发未来产业。一些发达国家将加大对产业创新的顶层布局设计和政策支持，美国继续实施“制造业回归”和“创新驱动”战略，德国推出航空航天 2030 战略，并加强对中小企业扶持，日本继续落实《第五期科学技术基本计划（2016—2020）》，英国发布《产业战略：建设适应未来的英国》。2017 年，在人工智能、无人驾驶、3D 打印、农业现代化、量子技术、微型芯片等领域，各国加大研发速度，均取得显著成绩。2018 年，随着我国经济进一步步入高质量发展阶段，创新经济发展成为第一动力，以创新为引领和支撑的经济体系日益形成，工业技术创新环境将进一步改善，制造强国、网络强国战略将逐步贯彻落实。

第一节　形势判断

一、各国加快技术创新布局，把创新提升到新的战略高度

新一轮工业革命孕育兴起，主要发达国家实施“再工业”战略，纷纷加快高端制造业回归，加强制造业创新战略部署，抢占高技术制造业制高点。美国加大制造业回归政策力度，特朗普政府将制造业税收大幅度下调，由过去的 35% 下降到 20%，同时，美国制造业创新体系建设持续发展，美国制造

业创新网络已经建成15家制造业创新中心，涵盖3D打印、人工智能、生物科技等热点领域，大部分创新中心实现自负盈亏自主运行，并在各自领域纷纷取得技术突破；德国建设欧洲最大的IT研究院（即达尔姆施塔特、萨尔布吕肯、卡尔斯鲁厄三个信息技术安全研究中心），同时，宣布开发量子通信计划，建立高度安全的量子通信网络；法国政府重视信息技术，公布《数字领域法国国际战略》，继续推动国际互联网管理实现多元化；日本加快落实《第五期科学技术基本计划（2016—2020）》，下一步将重点布局信息空间基础技术（人工智能、物联网、大数据）、物理空间基础技术（传感器、驱动器、处理设备、机器人、光/量子）、创新型建设/基础设置维护管理技术和创新型防灾/减灾技术等；俄罗斯大力实施《俄罗斯联邦科学技术发展战略》，2017年共制定22个进口替代计划，确定1423个技术方向，实施1658个投资项目，预算安排31亿卢布用于实施该类项目补贴；英国政府发布《产业战略：建设适应未来的英国》白皮书，提出未来将大力支持人工智能、绿色增长、老龄化社会和移动运输等技术。

二、世界工业创新能力快速提升，关键领域技术取得进展

2017年是世界科技创新跨越式发展的一年，在移动通信、人工智能、无人驾驶、汽车电池等领域，各国取得突破性进展。美国在量子计算机和芯片研究等前沿领域取得耀眼成果，谷歌推出9量子位处理器，IBM构建了50量子位处理器原型和造出5纳米芯片，英特尔发布可自主学习的神经模拟原型芯片，此外，美国不断巩固3D打印技术强国地位，逐渐将3D打印的应用场景扩展到医疗、航空航天和军工等领域，不断加强人工智能技术融入多种制造领域，如在医疗领域开发了帮助心脏跳动泵血的软体机器人；德国继续巩固制造业强国地位，在3D打印、量子材料、农业机器人等领域取得进展，将3D打印技术引入能源领域，制造出了燃气涡轮叶片，打造了完整的关键核心零部件设计、关键材料优选、产品质量把控、产品试用寿命模拟检测等生产加工体系，此外，研发出一种量子传感器，未来可用于测量微磁场，如硬盘磁场和人脑电波，开发出一种农业机器人，借助图像识别技术对植物叶子的形状进行分析，从而区分出杂草，然后用一种相对较弱的激光对其“射击”，

破坏其生长活力，从而减少杂草的生长；俄罗斯大力开发人工智能技术，积极推动人工智能技术转移扩散，其 Yandex 公司生产的 Alice 人工智能语音助手向谷歌的 Home 智能音箱、亚马逊的 Echo 智能音箱，以及国内阿里巴巴的天猫精灵、科大讯飞和京东合作退出的叮咚音箱、小米的小米 AI 音箱均发出竞争信号，共同抢占国际市场；日本将机器人产业发展方向进行调整，未来将更加注重在人机协作机器人、人工智能机器人、智能工厂集成式解决方案等方向的拓展。

三、全国工业科技创新形成合力，创新载体建设有序推进

2017 年是我国《国家创新驱动发展战略纲要》提出的第二年，全国在创新发展方面开展了大量工作，取得了丰富成果。2017 年 5 月，科技部、教育部、中国科学院、国家自然科学基金委员会四部委联合印发《“十三五”国家基础研究专项规划》，推进国家基础研究发挥战略引擎作用，争取进一步提升基础研究水平、优化学科布局、涌现原始创新成果和提升基础研究国际影响力；7 月，国务院印发《关于强化实施创新驱动发展战略进一步推进大众创业万众创新深入发展的意见》，在加快科技成果转化、拓展企业融资渠道、促进实体经济转型升级、完善人才流动激励机制、创新政府管理方式等六方面，提出三十九项具体任务，推进大众创业、万众创新，扩大范围、提高层次、摸索深度；工信部印发《省级制造业创新中心升级为国家制造业创新中心条件》，推动省级制造业创新中心向国家级制造业创新中心升级，促进我国制造业关键共性技术突破瓶颈；9 月，国务院印发《国家技术转移体系建设方案》，提出要通过激发创新主体技术转移活力、建设统一开放的技术市场、发展技术转移机构、壮大专业化技术转移人才队伍，来不断优化国家技术转移体系基础架构，要依靠以创新创业促进技术转移、以军民科技加快成果双向转化、科技成果跨区域转移扩散、国际技术转移空间扩大，来实现拓宽技术转移通道；11 月，科技部印发《国家技术创新中心建设工作指引》，细化技术创新中心的重点建设任务、治理结构与管理机制、组建程序；同年 4 月，科技部印发《“十三五”国家科技人才发展规划》，提出要在改进科技人才选拔使用机制、健全科技人才评价激励机制、完善科技人才流动配置机制等三

个方面进行体制机制创新，从而实现培养一大批善于凝聚力量、统筹协调的科技领军人才。

第二节　工业技术发展展望

一、进一步落实创新发展战略，推动科技成果转移扩散

当前我国处于科技创新新周期，产业技术创新体系建设，尤其是产业科技成果转移扩散至关重要，必须贯彻落实《国家创新驱动发展战略纲要》，加快建成创新型国家，建设和完善制造业创新体系和成熟的科技成果转移扩散机制。一是围绕《中国制造 2025》要求聚焦发展的重点领域，通过加强原始创新自主创新、强化政产学研用产业创新体系建设、组织实施重大项目和工程、深化军民融合技术扩展等途径，全面推动制造业科技成果转移扩散；二是贯彻落实《中华人民共和国促进科技成果转化法》《促进科技成果转移转化行动方案》（国办发〔2016〕28 号）及《国家技术转移体系建设方案》（国发〔2017〕44 号），通过建设科技成果中试与产业化载体、建设科技成果转移转化人才队伍、探索多元化资金投入模式，实现产学研协同创新，不断推进科技成果转移转化。

二、进一步加强载体建设，推动国家制造业创新中心建设

制造业创新中心工程是《中国制造 2025》五大工程之一，加快国家和省级制造业创新中心布局和建设是响应《中国制造 2025》，落实制造强国、网络强国战略的重要实践。一是落实《省级制造业创新中心升级为国家制造业创新中心条件》，在更多关键领域布局建设国家制造业创新中心；二是深入考察研究国家动力电池创新中心、国家增材制造创新中心、国家印刷及柔性显示创新中心、国家光电子创新中心、国家机器人创新中心五家创新中心，分析各创新中心的组建方式、管理模式、盈利途径、资源共享和成果转移机制、资金投入方式等方面的成功经验，为更多省级创新中心建设和升级为国家创

新中心提供参考；三是继续研究制定《国家制造业创新中心考核管理办法》《国家制造业创新中心考核指标体系》，规范和加强制造业创新中心的建设与管理。

三、进一步加快领域布局，进一步确定制造业关键技术方向

《中国制造 2025》中提出，到 2020 年，要建成 15 家左右制造业创新中心，目前，我国建成了国家动力电池创新中心、国家增材制造创新中心、国家印刷及柔性显示创新中心、国家光电子创新中心、国家机器人创新中心五家创新中心，未来 3 年将加快创新中心布局建设速度，在关键领域继续建设 10 家创新中心。下一步围绕《省级制造业创新中心升级为国家制造业创新中心条件》中提出的 22 个重点领域，加快布局建设国家制造业创新中心；《〈中国制造 2025〉重点领域技术创新绿皮书——技术路线图（2017）》中提出了沿用 2015 年版技术路线图确定的十大重点领域及 23 个优先发展方向，并补充了关键材料和关键专用制造装备等内容。下一步将继续执行“技术路线图”每两年滚动修订一次的要求，由国家制造强国建设战略咨询委员会组织，积极吸引社会各方广泛参与、共同努力，充分反映技术发展和市场变化情况，指引创新中心在关键技术方向上创新发展。

第十六章　2018年中国工业技术知识产权和标准发展形势展望

随着全球制造业竞争格局白热化，知识产权作为保障竞争优势的战略资源，热点问题频发。美国正式对我国启动“301”调查，其连续发布多年的知识产权保护报告再次将我国多家企业列入“恶名市场”。2018年，随着我国制造业的转型升级，中美知识产权分歧将进一步加大，标准必要专利等知识产权将成为企业并购重组的核心要素，对全球制造业价值链增值作用更加凸显。面对日趋激烈的国际知识产权竞争，在我国大力实施知识产权战略的背景下，重点领域知识产权保护布局和科技成果转移转化方面的能力将进一步提升。同时，我国面临复杂的竞争形势，仍需妥善处理知识产权分歧，加强沟通、主动作为，通过加大重点领域研发投入，强化自身在关键核心技术方面的保护运用能力，通过促进科技成果转移转化，有效提升知识产权对我国制造业的保障支撑作用。

第一节　形势判断

一、国际知识产权竞争形势严峻，中美知识产权分歧将进一步加大

在新一轮国际制造业格局重构中，知识产权作为保障制造业竞争优势的战略资源，国际竞争形势日趋严峻。世界各制造强国正围绕技术创新，抓紧开展知识产权布局，巩固自身竞争优势。2017年8月，在美国总统特朗普的支持下，美国在涉及技术转让、知识产权和创新领域对我国正式启动“301”调查，通过听证会等系列调查后，2018年1月特朗普更透露将对我国采取严

厉的制裁措施，包括但不限于巨额罚款。同时，在 2018 年 1 月美国贸易代表办公室（USTR）发布的 2017 年度知识产权保护报告中，再次将淘宝网等我国多家电商平台和实体平台列入“恶名市场”。随着我国制造业的转型升级，以美国为首的发达国家必将进一步通过专利纠纷、“301”调查、“337”调查、“201”调查、单边保护、双边谈判、商业秘密窃取指责等多种手段遏制我国，知识产权布局打压必将在未来制造业竞争中扮演更加重要的角色。

二、知识产权将继续成为高技术企业并购重组中的核心要素

知识产权一直是制造业高端价值链的重要战略资源，在竞争激烈的移动智能终端等领域，知识产权必将成为企业并购重组过程中的核心要素。例如，2017 年美国博通公司（简称博通）拟斥资超过 1000 亿美元收购美国高通公司（简称高通），意在通信领域专利建立其霸主地位。在这次收购意图中，高通拥有的大量移动通信领域核心技术专利是博通的主要目标。可见，以标准必要专利为代表的知识产权，将决定企业在全球产业链中的地位，并购重组作为企业发展壮大的过程，知识产权问题必将受到更高的重视，重大经济活动的知识产权评价评议机制将逐步建立。企业之间的并购重组，已逐步从原有的重视固定资产，转向重视核心技术、人才团队和知识产权价值等方面，掌握产业核心专利的企业，也将是各国政府重点扶持保护的对象。

三、知识产权等无形资产将进一步支撑制造业的价值增益

2017 年 11 月，世界知识产权组织（WIPO）发布《2017 年世界知识产权报告：全球价值链中的无形资本》，凸显了专利技术、外观设计和品牌等无形资产在国际制造业价值链中所起的关键作用。知识产权等无形资产是制成品价值的主要来源，也是决定全球高端制造业竞争优势的主要因素，其保护制造业技术创新的作用将进一步加强。2000—2014 年，品牌、外观设计和技术等无形资本平均占所销售制成品总值的 30.4%；无形资本收入在 2000 年至 2014 年间实际增长 75%。知名品牌的价值、良好的用户体验和精致的外观设计等无形资产，形成了产品对用户的整体吸引力，决定了产品在市场竞争中

的成功率。未来知识产权作用愈发凸显，将成为企业维持竞争优势的重要手段。

四、我国制造业知识产权能力持续提升，重点领域将进一步完善布局

2017 年，我国发明专利申请量超过 138 万件，同比增长 14.2%，PCT（《专利合作条约》）专利申请 5.1 万件，同比增长 12.5%，发明专利拥有量达到 9.8 件/每万人，专利质押融资达到 720 亿元，同比增长 65%。多项数据指标表明我国知识产权能力持续提升，专利从数量扩张转向质量和运用能力增长。党的十九大报告指出，要强化知识产权创造、保护、运用，在工业和信息化领域，围绕“中国制造 2025”实施，通过知识产权协同运用推进行动和知识产权服务能力提升行动，工业企业知识产权保护运用能力不断提升。在我国知识产权战略实施的大背景下，未来我国知识产权将围绕重点领域，通过部省合作、上下联动，不断提升知识产权能力，营造良好的营商环境。围绕制造业重点领域，我国知识产权保护布局进一步加强，如在光伏领域，我国坚持创新，成果频出，专利持续增长，使得目前我国企业在太阳能电池板的世界市场中处于主导地位，多家龙头骨干企业已经能够有效运用知识产权保护技术创新成果，与行业跨国巨头同台竞争；在 5G、新材料、新能源、人工智能、ICT（信息、通信和技术）等技术创新的主要领域，我国企业将与各跨国企业开展激烈竞争，进一步完善各重点领域的全球知识产权布局。

五、我国知识产权等科技成果转移转化机制将进一步完善

在美国的制造业创新体系中，知识产权等科技成果转移转化在创新带动产业发展方面起到了举足轻重的作用。自我国印发《促进科技成果转移转化行动方案》，修订《中华人民共和国促进科技成果转化法》，出台《实施〈中华人民共和国促进科技成果转法〉若干规定》，形成部署实施科技成果转移转化工作“三部曲”后，2017 年 9 月，国务院又印发了《国家技术转移体系建设方案》，致力于推动我国知识产权等科技成果扩散、流动、共享、应用，各部委、地方、行业协会、科研院所正在密集研究具体落实措施，各地方行业

主管部门正大力推进科技成果转移转化与本地产业发展实际对接，强化以需求为导向的产学研用合作。我国技术创新和知识产权保护相结合，促进知识产权等科技成果转移转化水平将迈上一个新的台阶，进一步支撑我国经济发展。

第二节 对策建议

一、妥善处理知识产权分歧，加强沟通、主动作为

在全球激烈的知识产权竞争形势下，我国在应对国际知识产权质疑和不当指责方面，还存在应对形式手段较为单一、主动出击力度较为薄弱、国际话语权不足等问题，整体处于被动状态，尚不能为我国制造业创新发展营造有利的国际环境。应进一步加强国际发声，支持科研院所、行业协会、产业联盟、企业等在国际研讨会、行业大型会议等场合积极宣传我国制造业知识产权保护、运用成效；围绕“中国制造 2025”实施，开展重点领域知识产权风险分析与预警防范；提升知识产权海外维权能力，维护中国制造海外形象，服务制造企业“走出去”；由被动应对逐步转向正面防御与主动发声，支持相关机构研究发布国内外知识产权保护情况报告；进一步加强国内企业知识产权意识，营造知识产权创造、保护、运用的良好营商环境。

二、加大重点领域研发投入，强化关键核心技术的知识产权保护布局

围绕“中国制造 2025”重点领域，深化知识产权保护与运用，加快推进我国制造业创新驱动发展。在国家和省级制造业创新中心建设过程中，着力打造知识产权能力建设体系，引导实施《制造业创新中心知识产权指南》，开展制造业重点领域的知识产权战略布局，实施知识产权协同运用推进行动和知识产权服务能力提升行动，建立健全适合我国制造业发展的知识产权保护和运用服务体系。充分发挥产业技术基础公共服务平台功能，创新知识产权

保护运用服务模式，提升精细、精准的服务能力。活化科研院所、企业的存量知识产权，调动激发各创新主体推广使用创新成果的积极性。围绕《〈中国制造2025〉重点领域技术创新绿皮书——技术路线图（2017）》，加强政策、资金、人才等多方面的统筹协调，积极做好关键核心技术的攻关和知识产权布局保护工作。

三、以企业需求为导向，促进科研院所科技成果转移转化

促进科研院所科技成果转化是制造业创新体系建设的重要一环，建议坚持市场导向，以灵活高效的知识产权管理和利益分配机制，加强专利运营；开展高校知识产权全链条管理，加强高校成果转化办公室建设，避免专利申请、维护等“前端”在大学科研管理部门，专利许可、转让、作价入股等“后端”在大学资产管理部门，造成人为割裂，不利成果转化；鼓励和支持部属高校与企业联合培养既懂技术又懂法律和市场的专门人才，加快建立专业化技术经纪人队伍。例如，美国高校科技成果转移转化的主要实施者是大学设立的科技成果转化办公室，南加州大学科技成果转移转化办公室有20位左右的技术经纪人，每年有2000万美元的运行经费支持，负责大学知识产权的全过程管理和科技成果商业化，每年大学约有400个新的技术提交到技术转移办公室，技术转移办公室重点选择8—10个技术作为孵化对象，通过技术组合和知识产权保护后，进行商业化推广并取得收益。

四、活化运用，强化知识产权等无形资产对制造业的支撑服务作用

从消费者的角度来看，知名品牌的价值、良好的用户体验和精致的外观设计等无形资产，形成了产品对用户的整体吸引力，决定了产品在市场竞争中的成功率。从企业竞争角度来看，活化运用知识产权抢占产业竞争制高点，是企业维持竞争优势的重要手段。例如，2017年4月，华为利用1项发明专利，使法院判决三星需赔偿8000万元；2018年1月，华为两项4G标准必要专利帮助其在与三星的专利战中又一次赢得法院判决。活化知识产权在市场竞争、并购许可、交易转让中的作用，可有效助力我国制造业迈向价值链的中高端，服务我国制造业转型升级。

第十七章　2018年中国工业质量品牌发展形势展望

党的十九大强调要改善供给体系质量，营造国家的质量发展优势。为进一步落实《中国制造2025》以及《质量品牌提升“十三五”规划》的核心精神，2017年国家的质量品牌建设深入开展，大力推进民族品牌建设，各大方针政策聚力国家质量品牌提升。在国际质量品牌竞争方面，我国的产业质量水平提升显著，品牌影响力稳定向好，为质量强国的战略实施提供了有力的支持。但对于实体经济的改革力度仍需不断推进，要进一步提升中高端产品的供给。因此，质量品牌的建设力度需不断加大，以推动我国经济发展迈入质量发展的新阶段。

第一节　形势判断

一、质量品牌要求不断提升，推动我国迈向质量时代

2017年的政府工作报告指出要全面提升质量水平，积极推动质量的提升行动，健全质量竞争机制，推动“中国品牌”走向世界，推动中国经济逐步迈向质量时代。党的十九大指出要推动经济发展质量变革、效率变革、动力变革，提高全要素生产率，为推进我国的质量强国建设提供有力支持。这意味着2018年的质量品牌建设将进一步加大工作力度，深化质量品牌推进政策的落实，为中国品牌走向世界奠定坚实的基础。国家需要进一步开展各个产业的质量水平提升工程，增加质量建设的人力物力支持，积极推进质量提升工作的开展，加强质量监管的力度，为质量强国的建设奠定坚实的基础。未

来国家将在中国品牌的国际化方面加大力度，提升我国品牌的影响力。2018年“中国品牌日”也将进一步加强我国品牌的宣传力度，实施新一轮重大技术改造升级工程。提升企业的国际化视野，全面推动质量品牌方面的安全水平，中国产品品牌化发展将会极大地促进质量强国的宏大目标的实现。

二、质量提升工程不断深入，品牌意识日益加强

2017 年，中共中央、国务院颁布了《关于开展质量提升行动的指导意见》（以下简称《意见》），旨在推动我国产业的供给质量，满足我国产业发展的质量需求，从国家战略发展层面提升对质量发展的要求高度。《意见》涵盖了国家发展的各个行业，确立了农产品行业、药品行业、服务业等 15 个领域的质量水平提升计划，明确了社会治理、公共服务、质量监督监管、品牌管理等社会服务方面质量规划，着力加快国家供给质量的改善，实现国家在产品、工程、服务、产业、区域以及国家层面的质量全面提升，突出质量对国家发展和人民生活的关键推动作用。工业和信息化部苗圩部长在 2017 年全国工业和信息化工作会议中指出，要聚力提高产品质量增加产品效益，推动传统产业的优化升级。与此同时，工业与信息化部等部门还制定了关于电信服务质量、进出口商品质量、棉花质量、水泥质量、轻工业质量品牌建设、机械工业质量品牌等方面的监管与建设的专项行动法案，对于推动 2018 年的质量品牌发展也提出了更高的要求。2017 年，国家强化了质量第一的价值导向，坚持以企业为质量提升主体，坚持以改革创新推动质量创新能力，以新技术新业态拉动产品质量升级。在品牌发展方面，通过设立“中国品牌日”，加大对品牌的宣传力度，推动企业自身的品牌建设以及国家品牌形象的营造，企业积极开展质量标杆申报，品牌意识不断深入，质量意识不断提高，为 2018 年的品牌建设发展奠定了良好的开端。

三、质量品牌建设发展与供给需求不同步

随着我国供给侧改革的不断深入，国家的质量与品牌建设取得了突破性进展，但也应关注现阶段我国质量与品牌发展的问题。习近平总书记在党的十九大报告中指出我国社会主要矛盾已经转化为人民日益增长的美好生活需

要和不平衡不充分的发展之间的矛盾。我国的产品质量与人民的需求不匹配，产品质量达不到人民的预期需求，才导致我国居民对国外的产品抢购热潮。一方面，我国的质量发展建设与国际同期相比，多数领域与世界先进水平还存在差距，产品的低质量生产使我国的经济蒙受巨大损失。在基础产品的制造业领域，我国产品质量远低于国外同类产业，通用零部件及模具的使用寿命较短。产品的质量问题已经成为阻碍我国经济发展的关键问题。另一方面，我国虽然位列世界第一制造大国，但是我国的制造强国建设却赶不上制造大国的发展速度。目前，我国制造业的自主品牌数量巨大（170 万），但是产品的国际认可度较低，品牌的价值相对较低。而与此同时，我国 2017 年在“BrandZ 全球最具价值品牌 100 强”中入围品牌相对 2016 年略有下降。2018 年，需要进一步加强制造业的质量建设与品牌发展。

第二节　对策建议

一、推进服务平台建设，营造质量品牌建设环境

质量品牌的发展是我国质量强国建设的关键，为推动质量品牌建设，要积极营造质量品牌发展的环境，推进各项服务平台建设。我国拥有庞大的中小企业群体，目前我国集中关注大型企业的质量标杆建设，对于中小企业的质量管理服务工作略显不足。2018 年要发挥中小企业的核心力量，政府应充分关注我国的弱势行业，拓展质量标杆活动开展的行业范围，设立服务中小企业发展的质量标杆申报条件，建立全生命周期的质量品牌发展体系，为企业的质量品牌发展提供阶段性的指导，推动企业的质量品牌建设。积极发挥行业协会的力量，组织开展质量品牌发展规划与培训，把握国际质量品牌的发展方向，做好企业的行业引导。通过新型智能平台开展质量品牌建设服务，利用微信平台、公众号等现代化的服务手段，及时对企业的质量管理进行督促与引导。定期通报质量问题企业，及时处理质量问题带来的企业发展障碍。进行质量品牌评选，开展质量品牌推介会，为企业注入质量发展动力，实现

各个行业的优质产品的有效供给，满足人民日益增长的消费诉求。推动企业建立“以质取胜”的发展理念，为企业积极营造质量形象，开展产品质量建设指明方向。建立客户反馈平台，对产品质量进行及时有效的反馈，企业可以通过平台进行产品满意度调查，以进一步优化产品的生产工艺，完善产品的生产流程，为质量品牌建设提供助力。进一步转变政府职能，为企业的质量品牌建设提供更多的咨询服务，加强对产品质量的监管，提升我国在产品检验、检测方面的技术水平，参与国际标准的制定，为我国企业的质量品牌发展提供有力的支持。

二、制定质量提升专项行动，全面推动产业发展质量品牌

要把结构调整的重点放在传统产业的升级改造方面，基于新技术、新管理、新模式，为传统产业注入生机和活力。为进一步推动2018年质量品牌建设，设立质量提升的专项行动，提升产品的质量效益。深入推进“增品种、提品质、创品牌”战略，在我国的关键行业与领域，瞄准国际标准，推进各行业的质量提升规划建设，保证行业质量品牌的提升落到实处，切实推动我国的质量强国建设。积极推动技术创新对质量品牌发挥作用，推进我国智能制造的发展与建设。要推广先进制造业的精益生产的经验，促进先进制造业的质量提升。为企业提供全面质量管理培训，提升企业的品牌意识。加强质量标杆的综合建设，完善质量标杆的申请审核制度，积极发挥质量标杆企业的影响力。积极推进区域的品牌建设，打造区域品牌的高端转型，完成从传统制造业到智能制造的转化，实现技术创新对质量品牌建设的推动作用。通过地区培训、讲座、研讨等形式，提升企业、地区以及国家的创新质量。针对产业集群，建立品牌培育试点，进行品牌与质量建设问题诊断，有针对性地开展企业的品牌与质量建设服务，联合专家解决企业在质量品牌建设过程中出现的关键障碍。开展专项行动计划，探索我国产品的质量与国际的差距，推动企业的供给侧改革，实现标杆企业对我国“一带一路”建设、制造强国建设的战略支持。

三、推进质量品牌建设，形成国际品牌竞争优势

质量品牌建设是推进国家工业转型升级的重要抓手。习近平总书记在中

央财经领导小组第十五次会议上指出“要牢牢抓住振兴制造业特别是先进制造业，推动制造业从数量扩张向质量提高的战略性转变”。未来质量品牌建设，要依托新兴技术的发展，打造我国工业发展的智能制造工程，以技术推动我国制造业的智能化发展，提高我国制造业的整体质量水平。依托工业强基工程，推动制造工艺的质量升级，开展关键共性质量技术攻关，以创新工程推进技术升级，打造国际认可的高端装备品牌。推动质量品牌发展的国际化进程，建设质量品牌发展的国际化发展平台，提供专业的品牌咨询服务，为企业的国际化发展注入动力。加强技术创新、品牌创新等一系列创新活动，切实推动创新与经济发展的融合，打造我国产品的质量品牌，将中国品牌推广到世界领域，形成具有国际竞争力的产业发展态势。推动企业瞄准国际前沿技术发展水平，提升自身在质量建设中的国际化视野。妥善推进我国重点行业的国际产能合作，有效应对国际贸易与投资摩擦，使我国企业尽快融入国际化发展进程，熟悉国际标准规则，为营造良好的国际发展环境创造条件。

后 记

《2017—2018 年中国工业技术创新发展蓝皮书》是在全面贯彻党的十九大会议精神，依据《中华人民共和国国民经济和社会发展第十三个五年规划纲要》《国家创新驱动发展战略纲要》编写的。本书专注于中国工业在技术创新以及质量品牌、知识产权与标准等方面取得的进展与成就，在对工业技术创新最新发展状况、工业技术创新发展政策环境、工业技术创新发展形势预判的基础上，历时 6 个月，经数次修订和完善之后完成。

本书由刘文强担任主编，何颖、曹方担任副主编。全书的编纂与编稿由何颖、曹方负责。同时，在本书的研究和编写过程中，得到了范书建、常利民、王锐、安平、张立梅等领导和专家的帮助，在此一并表示由衷的感谢。

全书由综合篇、行业篇、地方篇、政策篇、展望篇共五篇内容组成。

综合篇：何颖负责。其中，第一章由董恒敏、于潇宇撰写；第二章由董恒敏、于潇宇撰写；第三章由董恒敏、李赜撰写。

行业篇：任海峰负责。其中，第四章由任海峰、张原撰写；第五章由石敏杰、宋亮撰写；第六章由徐爽、郭英撰写；第七章由杨柯巍、王凡撰写。

地方篇：王磊负责。其中，第八章由王非撰写；第九章由王非撰写；第十章由马冬撰写；第十一章由马冬撰写；第十二章由马冬撰写。

政策篇：张义忠负责。其中，第十三章由周忠峰撰写；第十四章由董恒敏撰写。

展望篇：杨柯巍负责。其中，第十五章由宋亮撰写；第十六章由王路凯撰写；第十七章由董恒敏撰写。

由于时间仓促，难免有疏漏和不妥之处，欢迎并期盼各界专家、学者提出宝贵意见和建议，促进我们进一步提高研究水平，让《2017—2018 年中国工业技术创新发展蓝皮书》逐渐成为客观记录与全面反映我国工业技术创新领域前进步伐的精品专著。